# como se destacar em seu ambiente de trabalho

# JOE CALLOWAY

# como se destacar emseuambientede trabalho

## A Estratégia de "Aparecer" com Responsabilidade, Alegria e Prazer

---

estabeleça como seu objetivo principal estar sempre superando expectativas, positivamente

*M.*BOOKS

M. Books do Brasil Editora Ltda.

Rua Jorge Americano, 61 - Alto da Lapa
05083-130 - São Paulo - SP - Telefones: (11) 3645-0409/(11) 3645-0410
Fax: (11) 3832-0335 - e-mail: vendas@mbooks.com.br

## Dados de Catalogação na Publicação

Calloway, Joe
Como se Destacar em seu Ambiente de Trabalho: A Estratégia de
"Aparecer" com Responsabilidade, Alegria e Prazer/ Joe Calloway.
2008 – São Paulo –M.Books do Brasil Editora Ltda.

ISBN: 978-85-7680-052-1

1. Desenvolvimento Profissional     2. Recursos Humanos
3. Psicologia     4. Auto-ajuda

Do original: Work Like You're Showing Off! The joy, jazz,
and kick of being better tomorrow than you were today

© 2007 John Wiley & Sons, Inc.
© 2008 M.Books do Brasil Editora Ltda.

### EDITOR
MILTON MIRA DE ASSUMPÇÃO FILHO

### Tradução
Júlio Monteiro de Oliveira

### Produção Editorial
Lucimara Leal

### Projeto gráfico e Capa
Crontec

### Coordenação Gráfica
Silas Camargo

2008
Proibida a reprodução total ou parcial.
Os infratores serão punidos na forma da lei.
Direitos exclusivos cedidos à
M.Books do Brasil Editorial Ltda.

### Elogio para...

# *Como se destacar em seu ambiente de trabalho*

"Joe Calloway é um 'aparecido' que faz o que promete. Joe Calloway não é só um especialista; ele é um especialista de nível mundial. Joe Calloway não é apenas um mestre; ele é um mestre de nível mundial. Joe Calloway dá uma lição de realidade que irá fazer seu sucesso arrancar. Compre o livro, leia o livro, estude o livro e ponha-o em prática para poder alcançar maestria de nível mundial, especialização de nível mundial e riqueza, e exibi-las."

> – Jeffrey Gitomer,
> escritor, *O Livro Vermelho de Vendas* e *O Livro de Ouro da Atitude Yes!*

"Calloway ensina você a abandonar as desculpas, romper as correntes, sair da rotina, deixar sua bagagem na porta e então chutar a porta abaixo e agarrar a vida pela garganta para poder se tornar de verdade a pessoa que você mais admira. Eu adoro este livro! Finalmente uma alternativa divertida e revigorante às bobagens motivacionais. Em vez disso, é um plano de ação para a excelência pessoal."

> – Larry Winget,
> escritor, *It's Called Work for a Reason!* e *Shut Up, Stop Whining, and Get a Life*

"Aparecido no trabalho? Nunca pensei sobre isso nesses termos. Até Calloway escrever este pequeno livro estimulante. Ele explica como ser aparecido do jeito certo e dar o melhor de si no trabalho todos os dias, e porque o maior beneficiário disso não é seu empregador ou cliente (embora eles venham a adorar isso), mas você. Então leia o livro e comece a se destacar no trabalho. Você vai ficar feliz por ter feito isso."

> – Mark Sanborn,
> escritor, *The Fred Factor* e *You Don't Need a Title to Be a Leader*

"*Como se destacar em seu ambiente de trabalho* não é apenas um guia de sucesso inspirador e prático, é a própria chave para a excelência pessoal no século XXI. E aqui está um bônus – ele é uma delícia absoluta de se ler. Você vai adorar este livro!"

– Steve Farber,

escritor, *The Radical Edge: Stoke Your Business, Amp Your Life, and Change the World*

"Calloway sempre tem algo a dizer, e sempre vale a pena ouvi-lo. Seu novo livro é uma conversa franca sobre sucesso. Leia rápido!"

– Randy Gage,

escritor, *Why You're DUMB, SICK & BROKE... And How to Get SMART, HEALTHY & RICH!*

A
Catherine Jin Fu Calloway
Bem-vinda a nossa casa, garotinha.

# Sumário

| | | |
|---|---|---:|
| Agradecimentos | | xi |
| 1. | Destacando-se | 1 |
| 2. | Sublime Estupidez e Absurda Bravura | 9 |
| 3. | Só Papo e Nada de Resultados | 15 |
| 4. | Renúncia | 17 |
| 5. | O Padrão Ouro | 23 |
| 6. | Entre na Droga do Barco e Vá em Frente | 25 |
| 7. | Tão Bom Quanto Você Vai Ser | 29 |
| 8. | Nós Vemos as Coisas como Somos | 33 |
| 9. | Promessas Estúpidas | 41 |
| 10. | Vamos Ser Demais | 45 |
| 11. | A Imaginação Irá Levá-lo a Qualquer Lugar | 49 |
| 12. | Atenda a Perspectivas Internas | 57 |
| 13. | Queira Estabelecer Ligações | 61 |

# Sumário

| | | |
|---|---|---|
| 14. | Apostando Tudo | 67 |
| 15. | Joe e Muhammad | 71 |
| 16. | Nós não Vimos Isso | 77 |
| 17. | A Busca da Felicidade | 79 |
| 18. | O Inimigo do Sucesso Futuro | 85 |
| 19. | O que Pensam de Mim não É da Minha Conta | 89 |
| 20. | O que Quer que Aconteça É Normal | 91 |
| 21. | Adivinhe o que Eu Quero e Outros Jogos Psicológicos Bobos | 97 |
| 22. | Eu Disse que não Sei | 101 |
| 23. | O Círculo de Ouro da Ignorância | 103 |
| 24. | O que Você Tem Feito para Mim em Seguida? | 109 |
| 25. | A Estratégia do Poder | 113 |
| 26. | Sua Próxima Ótima Idéia Está em Todo Lugar | 117 |
| 27. | O que É mais Importante | 125 |

# Agradecimentos

Obrigado a meus amigos, colegas e fontes de inspiração, que me ajudaram pelo caminho dessa incrível viagem (até o momento). Obrigado a Matt Holt e todo mundo da John Wiley & Sons, Inc.; Kris Young, John Gaspard e todo mundo da Martin Bastian Productions; Jane Atkinson; Lisa Yakovi; Sue Remes; Toni Newman; Larry Winget; Dale Irvin; George Campbell; Victoria La-Balme; Jeffrey Gitomer; Joy Baklridge; Lou Heckler; Lisa Ford; Mark Sanborn; Steve Farber; Chip Emerson; Randy Gage; Todd Engel; MPL; Digital Dog; Martha Kelly e o Centro de Desenvolvimento Profissional da Universidade Belmont; Joe Scarlett; Stephanie Brackman; Jim Cunningham; Cheryl Plummer e todo mundo da Pinnacle Financial; Rebecca Folsom; Tom Kimmel; The Thingers; Randy Pennington; Coke Sams; Ray Waddle; Michelle Joyce; Segunda Igreja Presbiteriana de Nashville; a Associação Nacional de Oradores; Sting; Prince; Jerry Seinfeld; Brian Palmer; Rich Gibbons; Mary Ellen Lipinski; Mirror Restaurant; Gin Calloway; John e Sherry Calloway; Bob e Carolyn Calloway; Ellen Bush; Lawrence e Polly Alexander; e, mais do que eu posso dizer, a minha filha Jess e a luz da minha vida, minha esposa, Annette.

"Só se vive uma vez, mas se vive-se bem,
é o suficiente."

– Joe E. Lewis

# 1

# Destacando-se

O conceito de "se aparecer" já foi descrito de diversas maneiras por palavras e expressões como pretensão, exagero, ostentação, ego inflado, arrogância, convencimento, orgulho, prepotência, altivez, falta de modéstia, vaidade, soberba e presunção. Presunção? Meu Deus! Quem, em perfeito juízo, gostaria se ser tachado de presunçoso? Que vergonha! Que horror!

Estas definições são todas interpretações equivocadas do que é, na verdade, a mais nobre das ocupações. A idéia de se destacar em sido completamente mal compreendida e adquiriu uma reputação muito ruim. O que o mundo precisa não é de menos gente se destacando, e sim de mais pessoas fazendo isso. Se você não está se destacando, então por que fazer algo? Se não está se destacando, por que então marcar presença? Por que ir trabalhar? Por que jogar o jogo?

## 2    Como se destacar em seu ambiente de trabalho

Destacar-se, como eu defino (o que posso fazer, porque este é *meu* livro), é uma coisa boa. Destacar-se consiste em fazer melhor do que você é capaz em qualquer situação. Trata-se de excelência; de exceder as expectativas; de sentir a felicidade, o lance e o barato de se sair melhor amanhã do que hoje. Quando um problema ou desafio se apresenta, a atitude de se destacar é algo que diz: "Veja isto".

Este livro foi inspirado por Leslie, que trabalha na Kinko's de Hillsboro Road em Nashville, Tennessee, e em outras pessoas como ela. Tentar colocar em palavras a mágica sutil que Leslie utiliza ao lidar com os clientes é como tentar capturar um raio com uma garrafa. Não sei definir exatamente o que Leslie tem que é tão notável, mas algo na maneira como ela faz seu trabalho é maravilhoso e tranqüilo de um modo tão descomplicado que a gente sai de lá se sentindo melhor em relação a si mesmo e ao mundo.

Parte disso é o brilho em seu olhar. Ou seria uma cintilação? Não, acho que é um brilho. É como se houvesse algo muito legal acontecendo e Leslie não estivesse contando para você. Um aspecto da versão tranqüila de se destacar é que, se você tem um pedido especial ou incomum, ela parece lidar com isso de uma maneira tão fácil que é como assistir a Tiger Woods[1] dar uma tacada de leve para acertar um buraco um metro à frente. É esse o jeito de Leslie fazer as coisas.

E tem o senso de humor dela. Ele está sempre presente. Leslie não é alguém que me faz rir alto com piadas. Ela é muito melhor do que isso. Não posso ficar perto de Leslie sem sorrir porque seu sorriso é contagiante. Se você está de mau humor,

---

[1] Tiger Woods é um jogador de golfe dos Estados Unidos, e é considerado um dos melhores jogadores de golfe de todos os tempos. (N. do E.)

## Destacando-se 3

eu recomendo ir até Leslie para tirar umas cópias. A cara do dia ficará melhor.

Não sou amigo pessoal de Leslie. Sou apenas um de seus clientes. Não fiz negócios com ela o suficiente nem sequer para dizer que somos conhecidos. Mas, se alguém me falasse para montar um "time dos sonhos" de pessoas com quem eu gostaria de trabalhar numa variedade de projetos, eu a escolheria para integrar minha equipe. Algo em Leslie me diz que ela conseguiria lidar com praticamente qualquer tarefa que fosse colocada diante dela. Como a maioria dos aparecidos bons de verdade, em especial os sutis e cheios de classe, Leslie "tem algo especial". Para o verdadeiro aparecido, o trabalho é uma brincadeira. Assistir a um exibido trabalhando é como observar uma criancinha tomada pela alegria de fazer tortas de lama. Destacar-se significa estar num estado de fluxo no qual a gente quase pára de pensar no que está fazendo porque tudo acontece de maneira muito natural.

Numa discussão de grupo de foco de clientes realizada por um fabricante de automóveis, foi pedido aos participantes que relatassem um exemplo de atendimento extraordinário. Uma mulher mencionou uma experiência com um funcionário de hotel em Nova York, ao contar a ele que tinha esquecido o casaco num restaurante do outro lado da cidade naquela noite. Ele disse a ela para não se preocupar, pois tomaria um táxi até o restaurante, resgataria o casaco e o traria para ela. Uma hora mais tarde, o mesmo funcionário apareceu na porta dela no quarto do hotel, com o casaco na mão, que ele apresentou a ela dobrado de maneira impecável e enrolado num papel de seda. Isso é se destacar.

O legal de se destacar é que se trata de uma atitude que talvez se mostre mais eficiente quando é sutil. Você sabe do que estou falando. É o colega de trabalho que, sem alarde e sem

4     Como se destacar em seu ambiente de trabalho

chamar atenção para si mesmo, simplesmente põe as coisas em funcionamento. É o sujeito no setor de operações que, ao encarar mais uma outra tarefa aparentemente impossível, sorri e diz: "Deixa comigo". É o representante de atendimento ao consumidor que, quando você liga com um pedido que você próprio no fundo sabe que não é muito razoável, diz que vai ser um prazer tomar conta disso para você. E, sim, é o jogador que, quando o resultado do jogo está em risco, diz: "Deixa comigo, técnico".

Neste momento, deve haver quem esteja reivindicando o costumeiro papel de "vítima", dizendo: "A-ha! Sei o que você quer fazer! Quer que eu rale de trabalhar e faça trabalho extra para contentar todo mundo, ganhe mais dinheiro para a empresa e permita que tirem vantagem do meu empenho!". Certo. Vá esperando.

Vamos deixar isso claro: destacar-se é algo que você faz, acima de tudo, para satisfazer seus interesses. Destacar-se é conseguir o que você quer enquanto se diverte pra valer. Destacar-se é tirar o máximo de diversão de qualquer situação e ter o cérebro, a coragem e a criatividade para não apenas fazer limonada quando a vida lhe dá limões, mas também fazer uma torta merengue de limão, um bolo de limão com rosinhas ornamentais de glacê e até, quem diria, um suflê de limão.

O maravilhoso subproduto de se destacar é que a gente extrai o valor máximo do que está fazendo seja para quem for que esteja fazendo. Conseguir o que se quer é se assegurar de que a outra pessoa está conseguindo o que ela quer – é assim que o mundo funciona. Se alguém não entende isso, então não entende os princípios operacionais fundamentais das dinâmicas dos negócios, dos relacionamentos, da política ou do parquinho das crianças.

## Destacando-se 5

Destacar-se significa encontrar a melhor maneira de vencer – o que exige que se encontre a melhor maneira de deixar a outra pessoa vencer também. Se alguém duvida que isso seja verdade, experimente a estratégia de fazer o outro sujeito perder. Faça isso. Certifique-se de fazer a pessoa com quem você está brincando perder, seja ela seu colega de trabalho, cônjuge, filho, amigo, cliente ou o vendedor de passagens no aeroporto quando seu vôo acabou de ser cancelado. Vá fundo. Faça essa pessoa perder. Então veja o que acontece, senhor Durão.

Ninguém vai mais querer brincar com você. É assim que funciona. Se você faz as pessoas perderem, ou se é ruim brincar com você, ou simplesmente se você é um chato que ninguém quer por perto, ninguém vai brincar com você. Todo mundo vai pegar a bola e ir para casa.

Destacar-se significa que quando o caminho fácil seria ficar bravo, não ser razoável ou simplesmente criar problemas por causa de alguma injustiça (por exemplo, o vôo cancelado), você surpreende completamente todo mundo sendo a pessoa mais calma na sala. Você lida com a situação. É o oásis no deserto, a calmaria na tempestade, a chuva refrescante no incêndio da insanidade colérica. Quando todo mundo está berrando no ouvido do vendedor de passagens aéreas, você lhe diz que ele está fazendo um bom trabalho, para permanecer firme, que isso também irá passar. E então o atendente do check-in coloca você no topo da lista para o próximo vôo. Isso é se destacar.

Se acha que não é assim que as coisas funcionam, você está tão equivocado que nem consigo encontrar as palavras para explicar. A idéia de se sair bem por meio da intimidação é um mito perpetuado por perdedores que se ressentem da própria vida. Pare de gritar e comece a se destacar. Faça isso de maneira pouco chamativa e com classe. É mágico. É eficiente a ponto de

# 6 Como se destacar em seu ambiente de trabalho

deixar todo mundo de queixo caído. Destacar-se sob pressão é elegante. É algo bonito.

Não pense nem por um instante sequer que estou dizendo para você ser um fracote e deixar as pessoas pisarem em você. Pelo contrário, os aparecidos nunca, nunca, nunca mesmo deixam alguém tirar vantagem deles ou ter seus direitos esmagados por um valentão. Os aparecidos simplesmente escolhem suas batalhas com sabedoria. Eles usam a cabeça. São durões, mas também são espertos.

Se ainda não conquistei você com essa nova maneira de encarar a idéia de se destacar, só posso convidá-lo a continuar lendo. Há idéias neste livro que, eu espero, irão contestar suas crenças sobre uma porção de coisas. Estou escrevendo este livro para ser provocativo, não agradável. Para muitas pessoas, talvez até para a maioria das pessoas, entender essa interpretação completamente positiva de se destacar exige mais do que imaginam.

Quando comentei com minha amiga Joy Baldridge o título deste livro, ela assumiu seu tom habitualmente diplomático ao expressar sua opinião. Disse: "Horrível. Não gosto nem um pouco dele. Não gosto de aparecidos e não gosto deste subtítulo". Por acaso eu mencionei que Joy é minha amiga e portanto sente que tem a obrigação de ser completamente honesta comigo? Mencionei também que Joy é uma mulher que ensina como as pessoas podem ser mais produtivas ao mesmo tempo que reduzem o estresse? E, mais, cheguei por acaso a dizer que ela é uma das aparecidas mais encantadoramente escandalosas que já conheci?

Joy realiza apresentações extremamente criativas ao vivo para platéias de todo o país. Quando a vejo trabalhar, eu me pergunto como ela conquistou a coragem de subir ao palco e fazer as coisas completamente doidas que faz. Ela não conhece as regras? Não sabe que não é assim que se faz? E por que a platéia se agita de tanto prazer? Por que as pessoas a adoram pelo que ela faz por elas e valorizam o que ela lhes oferece com um jeito único, peculiar e criativo?

Porque ela está se destacando, é por isso. Joy decidiu mandar às favas o jeito como as coisas sempre foram feitas. Não vamos só fazer o que é seguro. Vamos fazer algo que seja significativo, e vamos fazê-lo de uma maneira divertida, inspiradora e incrível. As pessoas a adoram por causa disso.

Quando lhe mostrei isso, minha amiga Joy disse: "Ah, você quer dizer esse tipo de aparecimento! Você quer dizer se destacar no sentido de 'Dá-lhe, garota!'. Você quer dizer se destacar dando o melhor de si, fazendo aquilo que faz melhor que todo mundo. Você quer dizer se destacar de uma maneira que acrescenta algo ao processo capaz de deixar as outras pessoas felizes, as ajuda e realmente contribui para o mundo!".

É, é isso sim. É exatamente o que eu quis dizer. Seja de uma maneira exagerada, seja de uma forma tão tranqüila e sutil que passa despercebida, e que consiste em dar uma contribuição positiva.

A propósito, o logotipo da Joy é a silhueta dela mesma, pulando com uma desinibição selvagem, pulando de alegria. Essa Joy. Que aparecida! Nós precisamos de mais gente assim. Continue lendo.

# 2

# Sublime Estupidez e Absurda Bravura

Há algo que você quer fazer há um bom tempo, não é verdade? Algo que vem se desenvolvendo no fundo da sua mente. Você pensa nisso de noite algumas vezes quando vai dormir. Pode ser um livro que quer escrever, uma maratona que quer correr, uma mudança para outro país ou um negócio que quer inaugurar. Pode ser qualquer coisa; seja lá o que for, o pensamento lhe dá força. Ele o energiza. Mas você não fez nada ainda porque sabe o que as pessoas vão dizer.

As pessoas vão dizer que sua idéia é ridícula. As pessoas vão dizer que você não sabe o suficiente, que não vai funcionar, que ninguém nunca fez isso antes ou que você está se iludindo. Elas vão dizer que não é prático, possível nem razoável. Vão dizer que você vai se dar mal, perder tudo ou cometer um grande engano. Vão dizer que você não tem prática, que nunca fez isso antes ou que não tem experiência suficiente.

Casey Stengel afirmou uma vez: "Dizem que você não consegue, mas isso nem sempre funciona". Ele está certo. E aqui está outro óbvio ululante: 100% das coisas que você não tentar não vão acontecer.

É muito bom ouvir o conselho dos amigos, mas algumas vezes você tem de absorver tudo e então dizer: "Que se dane. Eu vou fazer assim e pronto". Deixar de lado o que pensam e ouvir o que você acha.

Se ficar esperando até tudo estar perfeito, nada vai acontecer. Se esperar até saber tudo o que deveria acontecer, nada vai acontecer. Se esperar até ser uma coisa segura, sem chance de fracasso, nada vai acontecer. Faça agora ou talvez nunca aconteça.

Alguns dizem que a vantagem da experiência é saber o que funciona. Mas a grande desvantagem da experiência é a perda da sublime estupidez e a absurda bravura que vem de não saber o que funciona. Porque, quando você não souber o que dá certo, vai tentar de tudo. Você vai ser suficientemente ignorante para fazer outras coisas além daquelas que não oferecem risco. Vai ser ridículo e audacioso. Vai descobrir todas as novas coisas que funcionam. E a diversão será apenas sua.

Não há nada de errado em fazer planos ou ter metas. Eles lhe dão direção, motivação e um senso de ordem, coisas muito boas. O maior problema nos planos é que podemos nos apaixonar pelo planejamento e acabar não passando para a parte da realização. Além disso, não importa se seus planos são muitíssimo bem elaborados, quando der início às coisas eles vão ter de mudar. Lembre-se do velho ditado: "Se você quer que Deus dê risada, conte a ele seus planos". A moral é não ficar preso demais a qualquer noção preconcebida sobre o andamento das coisas. Se existe uma coisa em que a vida é boa, é em nos fazer surpresas.

Uma das armadilhas mais traiçoeiras em que podemos cair é a de querer ter certeza de que tudo irá funcionar perfeitamente antes mesmo de tentar. Queremos saber com exatidão qual vai ser o resultado antes de fazer um movimento. É isso que nos deixa paralisados. Queremos todas as respostas quando as respostas não estão disponíveis.

Junte-se a mim num exercício rápido de visualização. Imagine que você passou seis semanas subindo uma montanha para chegar ao sábio guru que vive sozinho no gélido topo. Esse guru é um mestre que sabe o significado da vida e a resposta para todas as perguntas. Sua conversa com ele se dá mais ou menos assim:

*Oh, grande e onisciente guru, qual é o sentido da vida?*

A vida é fazer coisas. Ao contrário da morte, que é não fazer coisas.

*Certo. Agora que me livrei dessa, tenho algumas perguntas específicas.*

Manda bala, meu caro. É para isso que estou aqui.

*O mercado de ações vai entrar em alta ou em baixa?*

Ambas as coisas. Eu só não sei quando cada uma dessas coisas vai acontecer. Você coloca seu dinheiro e se arrisca. Você consegue lidar com isso? Se não, fique longe do mercado de ações. Porque ninguém sabe. Se quer ganhar dinheiro com o mercado de ações, você tem que abandonar a necessidade de saber o que vai acontecer em seguida. O melhor que pode fazer é uma boa estimativa.

*Certo, vamos mudar de assunto. Eu estou pensando em fazer um cruzeiro pelo Caribe neste verão. O tempo vai estar bom?*

Como saber? O tempo é o tempo. Você está fazendo a pergunta errada. Tente de novo.

## 12 Como se destacar em seu ambiente de trabalho

*Certo. Se eu sair num cruzeiro no Caribe neste verão, vai chover?*

Pergunta errada. Tente de novo.

*Certo. Se eu sair num cruzeiro no Caribe neste verão, haverá pelo menos 90% de chances de fazer sol?*

Não à noite. Você me entedia. Pare de desperdiçar meu tempo fazendo perguntas erradas. Faça a pergunta certa ou desça a montanha e vá embora.

*Certo. Se eu sair num cruzeiro no Caribe neste verão, eu vou me divertir?*

Bingo. O prêmio é seu! Esta é a pergunta certa. Então, você vai se divertir?

*Foi isso que eu perguntei.*

E esta é a pergunta certa. Você vai se divertir?

*Eu não sei. É esta a pergunta.*

Eu sei. E é a pergunta certa. E minha resposta é: você vai se divertir?

*Pare com isso. Você não está respondendo. Como guru, você é bem fraquinho, hein?*

Não faça tanto drama. Você só está ficando irritado porque escalou toda essa distância e agora está lidando com conceitos que estão além do seu controle.

*Que conceitos?*

Conceitos como o que afirma que você tem de parar de se preocupar se vai chover, nevar ou chover granizo no seu cruzeiro no Caribe. "Não chover" nem sempre é uma situação possível. Mas "se divertir" é sempre possível. No pior caso pode chover. Você nunca ouviu falar de uma festa a fantasia num navio? Nunca ouviu falar de haver uma competição para saber quem é melhor na hora de pular corda na chuva? Já pensou em se aconchegar em

## Sublime Estupidez e Absurda Bravura 13

sua cabine com um bom livro, um bom filme ou um bom colega de navio e ouvir a chuva bater na embarcação enquanto balança levemente sobre as ondas?

*Então seu argumento é que não há garantias?*

Não quanto ao tempo. Quanto à diversão, sim. Você mesmo pode garantir que vai ter isso. Isso tem a ver com opções, companheiro. Crie opções. Seja flexível. As pessoas e o tempo, minha nossa... Você se irrita com cada coisinha. Você deixa detalhes sem importância arruinarem seu dia. Relaxe. Mesmo sem saber tudo, fique bem.

*Mas eu pensei que você soubesse tudo.*

Eu sei o que não sei. Sendo assim, eu sei.

*O quê?*

Deixa pra lá. O que eu sei é que, se não consegue se divertir a não ser que tudo vá de acordo com seus planos, você não é nenhum arroz-de-festa.

*Então a que devo aspirar?*

A ser alguém que sempre se diverte. Mas, para ser alguém que sempre se diverte, você tem de aprender a se conformar com não saber o que vai acontecer. Pessoas que se divertem são, acima de tudo, flexíveis. Pessoas que se divertem podem deixar de se concentrar no que estão esperando que aconteça. Pessoas que se divertem lidam com o que *está* acontecendo. Abandone a certeza. Aceite a incerteza. É bem mais divertido.

Vamos fazer outro exercício mental. Imagine que sou seu médico e digo a você: "Você vai morrer. Você tem um problema de saúde incurável. O tempo de vida que lhe resta é limitado. O frustrante deste problema é que não posso dizer quanto tempo você tem. Você pode morrer antes que eu termine esta frase.

Você pode morrer em uma semana. Ou em um mês. Ou pode chegar a uma idade bastante avançada. Não há jeito de saber. Mas você vai morrer".

O que, é claro, vai mesmo. Nós todos vamos. Você pode ficar frustrado ou até bravo comigo por eu dizer isso. Pode dizer: "Ah, mas que ótimo! Obrigado pela informação! Eu vou morrer! Então o que devo fazer com esta informação, doutor?".

Boa pergunta. Então exatamente *o que* você deve fazer com esta informação? Talvez seja o momento para um pouco de sublime estupidez e absurda bravura. Quando você morrer, seus maiores arrependimentos não serão sobre o que você fez. Serão sobre o que você não fez.

Seja estúpido. Seja absurdo. Seja ocupado. Destaque-se.

# 3

# Só Papo e Nada de Resultados

Por que eu deveria fazer negócios com você em vez de negociar com seu competidor? Por que deveria contratá-lo em vez de contratar outro sujeito? Por que deveria lhe dar uma promoção em vez de promover seu colega de trabalho? Você diz que é porque você é a melhor escolha. Certo. Mas não me diga. Mostre-me. Prove. Porém, deixe-me ver ou cale-se.

O que você está disposto a fazer, ou consegue fazer, que o outro sujeito não está disposto a fazer ou não tem a capacidade de fazer? O que você sabe que seus rivais não sabem? Que informações tem que eles não têm? Você realiza um serviço que eles não realizam? Tem habilidades que eles não possuem? Talvez seu diferenciador seja sua atitude incrível. Tudo bem. Eu posso escolher com base em qualquer um desses diferenciadores. Mas prove que você os tem.

No filme *Jerry Maguire – A grande virada*, a ótima fala que todo mundo lembra é "Me mostre o dinheiro!". Não fale que tra-

## 16    Como se destacar em seu ambiente de trabalho

balho incrível você vai fazer. Prove isso. Mostre-me o dinheiro. Pare de prometer e comece a cumprir. Jerry Seinfeld uma vez disse que depois de ter terminado seu programa de televisão fenomenalmente bem-sucedido, sempre que se apresentava ao vivo ele tinha cinco minutos de tolerância da platéia. Ela lhe dava esse tempo de crédito simplesmente porque ele era o famoso Jerry Seinfeld. Depois desses cinco minutos, ele tinha de ser engraçado. Ninguém queria saber se seu programa de TV tinha sido muito engraçado porque as pessoas estavam numa boate ou sala de concertos e tinham pago para serem entretidas. Ele tinha de mostrar a que viera.

Nós todos já passamos pela experiência de conhecer alguém que promete mundos e fundos, mas em quem não se pode confiar. Uma vez vi um representante de vendas de uma importante companhia de telecomunicações encantar completamente um executivo sênior de sua empresa com a conversa mais impressionante sobre a arte de vender num jantar. O executivo fez um comentário favorável sobre essa conversa para o gerente do representante, que respondeu que o sujeito podia ter uma conversa ótima, mas não conseguia vender água a alguém que estivesse morrendo de sede num deserto. Isso é só ter papo.

A parte fundamental de ser aparecido é "destacar-se". Quem conta vantagem fala. Aparecidos fazem. Talvez você seja a melhor coisa desde o surgimento da roda, do pão de fôrma e do Aerosmith! Então me mostre. Prove.

# 4

# Renúncia

Renuncie. Trata-se de uma verdade elementar. A compreensão desta verdade é o começo do que você pode mudar no seu trabalho e em sua vida para sempre. Se você não tem o que quer, provavelmente é porque não renunciou a algo que está no seu caminho. Algo na sua vida está ocupando espaço. Neste momento, enquanto lê estas palavras, você já sabe o que é, não? Se não, continue lendo. Vai começar a aparecer. Preste atenção quando isso acontecer, porque se livrar dessa coisa pode ser sua tarefa mais importante. Destacar-se começa com renunciar.

Vivemos numa sociedade obcecada por obter. Acreditamos que se obtivermos coisas seremos felizes, portanto, nos concentramos nisso. Na verdade, a chave para a felicidade, produtividade, satisfação, alegria, paz de espírito e sucesso é primeiro renunciar – em praticamente todos os sentidos da palavra. Liberte-se do que está se interpondo em seu caminho. É essa liberação que cria o espaço para que aquilo que você quer venha naturalmente. A vida é curta. Temos de seguir em frente. Considere-se avisado. Renunciar é algo muito assustador. Renunciar irá testá-lo como nada conseguiu antes. Você vai ter de ser corajoso para largar algo que o está segurando. Vai ser incrivelmente difícil. Irá afetá-lo completamente. A renúncia é uma dose adulta de realidade. E algumas vezes a realidade morde. Para valer. Isso é o máximo de confronto direto que você pode ter na vida, mas irá libertá-lo.

Pode ser absolutamente aterrorizante abandonar os limites, barreiras e obstáculos que impedem que você viva a vida que diz desejar. Isso porque você adora esses limites. Apóia-se neles. Conta com eles. Está acostumado com as barreiras. Sente-se à vontade com os obstáculos. Sim, com certeza, você reclama e se queixa deles, mas, convenhamos, você se tornou muito apegado a eles. Este monte de coisas na sua vida que o impede de conseguir o que realmente quer são coisas às quais você se prende como se fossem tão essenciais como o ar que respira.

Como alguém que trabalhou um quarto de século com clientes corporativos em todo ramo de negócios que se pode imaginar, garanto que a mesma idéia também se aplica a empresas e organizações inteiras. É o que se chama de *cultura corporativa*. A maioria das culturas corporativas, sem perceber, adota a limitação de si mesmas. Culturas que se prendem ao jeito como as coisas sempre foram feitas podem ser incrivelmente arraigadas. A renúncia é ainda mais difícil para empresas do que para indivíduos.

Os pensamentos, hábitos, atitudes e estratégias que você precisa abandonar são demônios cruéis e traiçoeiros. Eles vão se infiltrando em você e na sua vida até que se tornam parte do próprio tecido de sua existência. Em algum nível, consciente ou subconsciente, você está tão familiarizado com o que precisa

## Renúncia                                                           19

abandonar quanto está em relação às costas da sua mão. Em algum ponto enquanto lê isso você pode parar, olhar e pensar: "Já sei o que eu preciso abandonar". Estava bem na sua frente o tempo todo.

A realidade é que, da forma como a vida funciona, não dá para pegar a próxima coisa a não ser que se abram as mãos e largue o que se está segurando. Antes de poder acrescentar algo que quer, é preciso abrir espaço. Como no jogo de beisebol, ninguém pode conquistar a segunda base se não tirar o pé da primeira. A baía é segura, mas ninguém nunca vai descobrir novos mundos se não sair dela. Você não pode subir uma escada se não tirar o pé do degrau onde está. Podemos continuar infinitamente com as metáforas e clichês até causar náuseas com a sua verdade e lógica.

Algumas pessoas definem a si mesmas não por aquilo que ambicionam, mas pelo que detêm. Para você, pode ter sido um antigo fracasso que o convenceu de que nunca é capaz de vivenciar um sucesso significativo. Talvez tenha sentido vergonha ou mágoa num relacionamento que agora assombra todas as suas amizades ou romances. É muito freqüente nós pensarmos: "Eu falhei uma vez, portanto falharei sempre". Ou então: "Eu fui bem-sucedido fazendo isso desse jeito uma vez, portanto preciso fazer sempre assim". Em ambos os casos, você está preso numa rotina, e uma rotina é um caixão fechado.

Pensar em renunciar pode ser confuso e frustrante. Isso ocorre porque o que você precisa soltar pode ser exatamente o oposto do que outra pessoa precisa abandonar. Você pode ficar paralisado pela inação e pela incerteza. Pode não estar alcançando o que quer porque só vai fazer um movimento se tudo estiver perfeito. Eu, no entanto, posso não estar realizando minhas metas porque estou agindo em mil direções ao mesmo tempo. Talvez tenha de renunciar à atividade constante a fim

20      Como se destacar em seu ambiente de trabalho

de dar espaço para que a paz e a tranqüilidade entrem em minha vida e me acalmem. Você pode estar preso à idéia de não fazer nada e eu posso estar preso à idéia de fazer demais. Você pode ter de botar o pé na estrada e acelerar. Eu talvez tenha de deitar e tirar um cochilo.

Você pode ter que parar de sofrer em silêncio. Talvez tenha sido intimidado por alguém durante anos e esteja cansado de agüentar isso. Sorte sua. Abandone sua falta de ação. Arme o barraco que precisar a fim de se proteger. Pode ser que você sempre tenha se colocado no papel de vítima sem poder. Abandone isso. Defenda a si mesmo.

Talvez você tenha de abandonar um lugar. Onde deve morar? Onde mora agora ou em algum outro lugar? Como o The Clash diz de maneira tão sucinta: "Devo ficar ou devo partir?". Abandone o lugar onde você está agora e se mude. Ou deixe de pensar que você tem de estar em outro lugar. A sua resposta pode ser aceitar onde você está. Há um provérbio zen maravilhoso que diz: "Se você quer saber onde deve estar, olhe para seus pés". Mesmo que você deseje de todo coração ter o poder de simplesmente sumir desse local, deste mundo, desta vida e estar em outro lugar, pode ser que esteja exatamente onde deveria. Isso pode ser exatamente o que você necessita para aprender qualquer que seja a lição que precisa aprender de quem quer que você precise aprender.

Você pode achar frustrante que, enquanto digo que renunciar é essencial para sua felicidade e bem-estar, não estou dizendo especificamente a que você precisa renunciar nem lhe oferecendo um plano fácil do tipo "a renúncia em cinco passos". Pode esquecer. Não há plano. Não há fórmula mágica. Não há um guia exato para se seguir. Se você precisa, por exemplo, deixar para trás certas pessoas em sua vida, então tem de descobrir como fazer isso. Pare de ligar para elas. Pare de resga-

# Renúncia 21

tá-las. Sei lá. Descubra. Cada caso é um caso. A grande e ofuscante realização é perceber a que ou a quem é preciso renunciar. Quando tiver esse conhecimento, vai saber o que fazer. Se você vai ou não fazer já é outra história.

Então o que você tem de abandonar? Talvez seja a preocupação, ou a amargura, a raiva, a inveja. Pode ser que você tenha que deixar de fazer seu trabalho como sempre fez e ao mesmo tempo esperar um resultado diferente. Para muitas pessoas, o grande momento libertador da vida ocorre quando percebem que precisam abandonar a idéia de sucesso das outras pessoas. Você pode ter uma percepção súbita do tipo: "Aos diabos com eles e o que eles pensam". Bingo. Isso é legal? Dá para imaginar a liberdade decorrente de abandonar o que "eles" pensam que você deve querer e trabalhar em vez disso a partir de uma tela em branco repleta de possibilidades?

No entanto, pode ser que seu caminho para a paz e a satisfação seja deixar o centro das atenções e colocar outras pessoas na sua vida nessa posição. Tente dar em vez de receber. Veja se consegue abrir sua mão fechada, soltar algum dinheiro e doá-lo, para variar. Doe seu tempo. Ajude outra pessoa a conseguir o que quer. Talvez seu coração se sinta realizado e sua felicidade volte. Eu não sei. Mas você sabe, não sabe?

A renúncia é como quase qualquer outra coisa. Não é o que não sabemos que nos machuca. É o que sabemos e não fazemos que causa danos. Saiba que sua liberação e seu sucesso irão começar com o que você está disposto a largar e consegue largar. Você começa a perceber sua grandeza e sentir uma liberdade verdadeira quando abre espaço. A coisa mais incrível é que, ao se desligar de algo, talvez descubra que não precisa nem um pouco de metas. Quando você elimina o negativo na sua vida, ele costuma ser substituído pelo positivo. Você não precisa necessariamente ter de invocar algo em particular, apenas se abra e deixe as coisas boas fluírem para você.

Talvez você seja uma dessas pessoas que dedicam bastante tempo e energia para definir metas. Acorda todas as manhãs e recita sua lista de afirmações. Olha para fotos no seu livro de sonhos. Quer levar a vida como se tivesse saído das páginas de sua revista favorita. Concentra-se em tudo que quer e tem uma visão clara sobre como a vida deve ser. E você se pergunta por que nada acontece. Por que não há nada disso em sua vida?

Dê meia-volta e encare a outra direção. Pare de se concentrar no que você quer conquistar, ter ou realizar. Volte-se para si mesmo. Essas coisas pelas quais você aspira só irão aparecer se você tiver espaço para elas. Sua grande verdade talvez seja renunciar a coisas que você achava que queria. Quando você olhar bem no fundo, talvez acabe descobrindo que não as queria nem um pouco. Isso pode ser libertador e doloroso ao mesmo tempo. Por exemplo, a libertação da escravidão de matar a si mesmo e a seu espírito esforçando-se como um louco para subir a escada do sucesso pode muito bem ser acompanhada pela dor temporária de abandonar este sonho. Seja paciente. Abra espaço. Este é o primeiro passo.

Você pode mudar sua vida neste instante. Neste exato segundo pode dizer: "Não mais". Examine bem e com bastante atenção o que está ocupando tanto espaço em sua vida. Tome uma atitude significativa quanto a isso. Faça algo tão poderoso em termos simbólicos a ponto de demonstrar que você está falando sério. Defina um limite claro. Há algo na sua vida que você precisa abandonar. Respire fundo.

Você já sabe o que é, não sabe?

# 5

# O Padrão Ouro

Pode contar comigo. Pode acreditar em mim. Se eu disser que vou fazer algo, é porque vou. Não tenha dúvida. Pode apostar nisso. Não importa se estou ou não de bom humor, se estou com dor de cabeça, se esqueci de pegar a roupa na lavanderia, se tive uma briga com minha filha, se perdi minha chave ou se não dormi ontem à noite. Se eu disser que vou fazer, então vou fazer.

E mais: vou fazer sempre.

Se você puder dizer tudo isso e cumprir, então isso é mais do que se destacar. É alcançar metas. É o padrão ouro. Se você fizer de maneira constante o que disse que ia fazer durante um longo período de tempo, o mundo todo vai correr atrás de você. Nada demonstra a essência de se destacar, no sentido mais positivo da frase, do que ser sempre consistente. Há um velho ditado que diz: "Amadores trabalham até acertar. Profissionais trabalham até não ser possível errar".

Pense em alguém que você conhece ou com quem trabalha que seja completamente confiável. Essa é a pessoa que, quando recebe uma tarefa, simplesmente a realiza, de maneira correta e no prazo, todas às vezes. Designar uma tarefa a pessoas deste tipo é como dar o tiro anunciando a largada. Você lhes aponta a tarefa e ela é completada. Você lhes confere uma missão difícil e pode esquecer o assunto, pois sabe que será cumprida. Quanto valor essas pessoas trazem para a mesa? Melhor que elas é impossível.

Nós adoramos pessoas que fazem o que dizem que vão fazer. A consistência é a base do sucesso e um traço de personalidade ótimo para desenvolver negócios. Ela é a definição da integridade. Se isso é se destacar, então pense em mim como alguém que aspira ser aparecido enquanto estiver vivo.

# 6

# Entre na Droga do Barco e Vá em Frente

Pare de falar sobre o que você consegue, deve ou pode fazer. Faça. Em algum momento, é preciso se calar e/ou fazer o que diz que quer fazer ou deixar isso de lado. Faça a viagem, faça a mudança, coloque um piercing no umbigo, compre a casa, candidate-se ao emprego, convide-a para dançar, faça a tatuagem ou decida que não vai fazer isso e prossiga rumo a algo que você *vai* fazer. Colombo não passou a vida toda discutindo se o mundo era plano ou não. Ele um dia disse: "Rapazes, vamos entrar nessa droga de barco e ir embora. Pode ser que a gente caia da beira, mas é melhor do que ficar aqui sentado sem fazer nada".

Nos anos 1980, eu aprendi bastante sobre o poder de agir quando trabalhei com oficiais do Exército. Durante cinco anos, em todos os verões, realizei uma série de seminários de uma se-

# 26 Como se destacar em seu ambiente de trabalho

mana de duração sobre gerência e liderança, cada um dos quais terminava com um projeto de classe de dois dias. O que me impressionou nesses oficiais é que, depois de eu dar as instruções de um projeto um tanto complicado e intricado, eles simplesmente viravam uns para os outros, anotavam seu plano de ação e começavam a trabalhar. Quando fiz o mesmo exercício com grupos de civis, havia em geral tantas perguntas sobre o que fazer e como fazer que eu por fim tinha de pedir a eles para parar, a fim de que houvesse tempo para realizar o projeto.

Pense no valor que você terá no trabalho se você for um desses que recebem uma tarefa e partem para a ação, em vez de ser um desses que fazem uma pergunta atrás da outra. Vá em frente! Confie no seu julgamento. Acredite, seu valor para sua empresa e para sua carreira irá disparar se você adotar a estratégia de agir em vez de hesitar, questionar e duvidar.

Ser conhecido como a pessoa que faz as coisas é um dos aceleradores definitivos de carreira. Quando peço a gerentes e executivos para avaliar, numa escala de 1 a 10, o valor de um funcionário que age e realiza coisas, eles invariavelmente dizem "10".

Como cliente, colega ou empregador, quero trabalhar com a pessoa que encontra as soluções e cria as oportunidades, não com a pessoa especializada em dizer que não é possível. Convenhamos, mesmo da perspectiva apenas do seu interesse pessoal, é melhor voltar-se para ações do que nunca fazer nada.

As pessoas com melhor desempenho em qualquer campo ou empreitada têm todas uma forte propensão à ação. Este é um primeiro passo essencial. Vá. Comece. Faça. Não importa o que você quer fazer, quando você parar de *falar* e começar a agir de verdade, vai ficar impressionado com o que acontece. Você vai começar a sentir a magia das pessoas surgindo do nada para ajudá-lo a ser bem-sucedido. E ficará impressionado ao ver como as circunstâncias parecem se alinhar a seu favor.

Você também vai se surpreender se sua idéia se mostrar realmente boba e for um fracasso completo e total porque, com esse fracasso, você vai conseguir uma porção de novas informações que o colocam no caminho certo. Quando alguém pega um gato pela cauda, aprende um bocado sobre gatos. Leva arranhões, mas aprende uma quantidade tremenda de informações sobre gatos. Então pegue o gato pela cauda. Veja o que acontece. Não seja estúpido, seja audacioso.

Com a disposição para agir vem a disposição para falhar. Quando agir, você vai cometer erros. Quando cometer erros, vai consertá-los. Erros raramente são fatais. O que é fatal é a covardia para agir num mundo em constante movimento. Não evite os erros. Certifique-se apenas de não cometer o mesmo erro duas vezes. Aprenda com os erros.

Só é possível ser bem-sucedido se você estiver disposto a falhar. É o seguinte: se você convidá-la para dançar, ela pode dizer não, mas ao menos você tem uma chance. Se nunca convidá-la para dançar, com certeza isto nunca vai acontecer.

# 7

## Tão Bom Quanto Você Vai Ser

Tiger Woods tem um treinador. Pare para pensar nisso por um minuto. Tiger Woods tem um treinador. Esse fato isolado deve ser suficiente para mostrar que você nunca, nunca, nunca mesmo deve ser tão bom quanto vai ser. Dentro de qualquer pessoa que se encontra entre os primeiros em termos de desempenho numa dada área existe alguém com um desempenho ainda maior esperando para emergir. O verdadeiro espírito de se destacar, no melhor sentido, é um aprimoramento implacável.

Gosto de pensar em termos de aprimoramento implacável porque a palavra *implacável* infunde poder e paixão à idéia de melhorar todos os dias. Quero que minha busca de aprimoramento seja realmente implacável. Não porque eu sou nobre ou bom. Nem porque é do interesse da minha empresa ou da minha carreira. Eu quero melhorar todos os dias porque é aí que está a diversão.

# 30 Como se destacar em seu ambiente de trabalho

Um dos meus clientes favoritos é uma empresa que exige o seguinte padrão de todos os funcionários, da recepcionista ao presidente: "Se você é tão bom quanto vai ser, você não pode trabalhar aqui". Eles aplicam esse padrão a todo mundo, incluindo a safra atual de ganhadores de prêmios de melhor desempenho. Pense no poder dessa idéia. Se você é tão bom quanto vai ser, você não pode trabalhar aqui. Nossa! Está aí um lugar divertido para se trabalhar porque eles deixam as coisas interessantes. Não consigo me ver entediado ali.

Tenho certeza de que há quem pense em aprimoramento implacável como um fardo. Certo. Seja sempre igual. Veja como isso é divertido. Faça seu trabalho hoje assim como fez ontem e veja quão longe vai chegar. Com certeza não vai ter melhores resultados do que teve ontem. Eis a regra: se você não gosta do que está recebendo, então mude o que está fazendo. É difícil de entender isso?

As pessoas costumam fazer mais discursos vazios sobre uma melhora contínua do que praticamente sobre qualquer outra idéia. Se ficar diante de uma platéia de pessoas de cinqüenta companhias diferentes e perguntar: "Quantos de vocês acreditam que a melhora constante é necessária para ser bem-sucedido no seu negócio?". Todos irão levantar a mão. Não há discussão. Ninguém discorda. Ninguém nunca diz: "Bem, espere aí. Eu acho que posso me dar perfeitamente bem em nosso negócio se basicamente continuar fazendo o que sempre fiz". Nunca. Isso não acontece.

Porém, se eu perguntar: "O que vocês fizeram especificamente hoje para serem melhores do que ontem?", o clima da sala muda de maneira drástica. Bastante gente evita contato visual e há muitas respostas evasivas. Se eu insistir na pergunta, vou receber respostas do tipo: "Bem, nós estávamos muito ocupados hoje. Não tivemos tempo para melhorar porque havia muita coisa para fazer".

É, bem, você deixou de fazer a coisa mais importante que tinha para ser feita – melhorar. Você já era, amigo, e o fim está próximo. Você está a caminho do fim. Só não sabe disso ainda. Em algum lugar, enquanto você está preenchendo formulários do mesmo jeito que fez ontem, um dos seus competidores separou uma hora para pensar sobre o formulário e percebeu que ele está ultrapassado, que não serve a nenhum propósito útil, e o eliminou.

Há um bom indicador para você saber se precisa ou não de uma melhoria séria no que faz. Se você se sente sem sombra de dúvida tranqüilo com a maneira como trabalha, é provável que esteja se apoiando em antigos sucessos e não esteja levando essa questão a sério.

Um aprimoramento implacável significa que você vai se sentir um pouco nervoso porque vai sempre estar vivendo próximo do limite. Se não está vivendo próximo do limite, então está tomando espaço demais. Tem de haver a tensão de tentar algo novo e desconhecido.

As pessoas com o melhor desempenho são iguais às companhias de melhor desempenho no sentido de que elas investem tempo e dinheiro consideráveis em treinamento. Um de meus clientes me disse recentemente: "Se um de nossos funcionários de melhor desempenho começa a evitar treinamentos, sabemos que é o começo do fim. Os que permanecem nas primeiras posições são viciados em aprender". Algumas vezes ouço pessoas bem-sucedidas falando coisas como: "Deixe-me lhe dizer algo. Eu lidei muito com isso. Sei como esse negócio funciona". Se você alguma vez me ouvir dizer algo assim, me dê um tapa para eu acordar. Pode me chacoalhar para eu recuperar o bom senso e me jogar em alguma aula ou seminário no qual possa aprender que sou apenas um dinossauro que sabia como as coisas funcionavam nos bons velhos tempos, isto é, na semana passada.

Ser melhor amanhã do que somos hoje é onde estão toda a felicidade, a graça e o prazer. É onde está a essência da coisa. É onde está a diversão. É onde está o sucesso.

# 8

# Nós Vemos as Coisas como Somos

Nós não vemos as coisas como elas são. Nós vemos as coisas como nós somos. Há sempre outra maneira de olhar o que quer que esteja acontecendo. Como diz meu amigo Dewitt Jones, fotógrafo ganhador de prêmios da *National Geographic* e palestrante nacionalmente conhecido nos Estados Unidos: "Há mais de uma resposta certa". Quando você abandona a crença de que só há uma resposta certa, você abre a porta para oportunidade, inovação, soluções e algumas vezes uma felicidade sem limites.

*Velha piada*: Um homem vai ao médico. Ele balança o braço para trás e para a frente e diz: "Doutor, dói quando eu faço isso". O médico diz: "Então não faça isso". Se a maneira como você olha para sua vida não funciona, não faça isso. Se quiser mudar o mundo, mude sua mente.

Aqui está o lance sobre a realidade: ela depende de como você olha para ela. Literalmente. Totalmente. Sua vida é como você olha para ela porque a maneira como você a olha é tudo que você tem. Você nunca toma uma decisão com base somente nas informações. Você não funciona assim. Primeiro você interpreta as informações. Você olha para elas de uma certa forma. Pega tudo que vê, sente, ouve, saboreia e vivencia através de um filtro. Seu filtro particular. Dewitt Jones diz que a chave para uma ótima fotografia é escolher a lente correta. Seu filtro, sua lente, é a maneira como você olha para o mundo. Essa é sua realidade. Não há nada mais que isso.

Você acha que isso é "poder do pensamento positivo" ou outra bobagem motivacional? Se sim, você está se iludindo. O que você precisa fazer é abandonar esse filtro em particular. Há aqueles que vão dizer: "Isso é besteira. A vida é o que é, e sua atitude não pode mudar nada". E para eles eu digo: "Você, meu amigo, é um covarde. É um bebê e um chorão, que não tem a vontade, a coragem ou a criatividade para fazer outra coisa senão se prostrar e deixar a vida pisar em você". Na vida, problemas e reveses são obrigatórios. O sofrimento é opcional.

Está frio e chovendo hoje. Isso é bom ou ruim? Bem, depende, não? Depende de como você encara isso. Eu conheço gente que automaticamente define um dia chuvoso como um dia ruim. Isso me faz rir. Se alguém vive num lugar onde chove cem dias por ano, então automaticamente descarta cem dias como dias ruins. Minha pergunta é: "Por quê?". Por que pensar assim?

Está começando a se sentir inquieto com essa discussão sobre percepção? Por acaso esse tipo de conversa parece demais com bobagens sobre atitude positiva para você agüentar? Veja se acorda, seu medroso. Trata-se de escolhas. Trata-se de ser esperto, durão e enxergar opções.

Quase trinta anos atrás, aprendi uma lição de vida significativa com um colega de trabalho chamado Wayne Bredberg.

Wayne era o exemplo do sujeito que acredita no pensamento positivo. Ele ouvia fitas motivacionais. Lia livros motivacionais. Todo espaço de seu escritório era decorado com frases motivacionais. Eu o achava ridículo. Achava que era crédulo e ingênuo. Eu, no entanto, era durão e esperto. Era um realista. Não tinha tempo para essa história de "vamos lá, rapazes", essa torcida motivacional.

Nunca vou esquecer o dia em que questionei Wayne sobre sua atitude positiva. Eu disse: "Wayne, todo esse lixo motivacional com o qual você enche sua cabeça é completamente inútil. Você acha que ouvir fitas motivacionais que dizem para usar um grande e gordo sorriso feliz e estúpido no rosto vai fazer sua vida melhor. Não vai, Wayne. É um mito. Uma fábula para criancinhas. É um desperdício de tempo e não vai funcionar".

Wayne sorriu e disse calmamente: "Talvez você esteja certo, Joe. Talvez seja um desperdício de tempo. E talvez não vá funcionar. Por outro lado, eu estou feliz e você está se sentindo péssimo". Eu apenas fiquei encarando-o. Não tinha resposta. Ele havia acertado bem no meio dos olhos. A verdade era que a vida de Wayne realmente funcionava melhor que a minha porque ele era durão e esperto o suficiente para encontrar oportunidades, enquanto eu era o fracote que esperava que o mundo me tratasse melhor. Eu era "realista". É, até parece. A verdade é que eu era um tonto.

Embora eu não morra de amores pela apresentação algumas vezes cafona e exagerada do que é em geral considerado como o pensamento motivacional, não há argumentos contra um simples fato. Se eu aprender a mudar o jeito como encaro o mundo, então posso mudar meu mundo. Se posso ver a oportunidade onde meu competidor não vê, então eu venci. Se posso encontrar soluções em vez de apenas oferecer justificativas, então eu agrego mais valor ao jogo.

Tive uma conversa com meu amigo Peter, cujo trabalho é sonorização de filmes. Peter me disse que passou um verão trabalhando num filme que ia ser gravado nas montanhas rochosas canadenses. Disse que teve de usar uma jaqueta grossa todos os dias durante o verão inteiro e adorou. Imagine. Frio o verão todo. Para ele, é o paraíso. Para você, o verão ideal pode ser dias de um clima de selva quente, úmido, que o faça suar. Legal. Gosto não se discute. A lição para mim é que não é o clima que faz um dia bom ou não. Nunca é o clima. Sou eu. O que eu tenho de fazer é ou aprender a curtir o clima que tenho ou imediatamente cair fora daqui e buscar o clima que eu quero.

Anos atrás, quando as Olimpíadas de Inverno foram realizadas no Canadá, lembro que, durante a competição de esqui alpino *downhill* masculina, todos os esquiadores comentavam sobre as condições de neve e como elas estavam ruins. A temperatura mostrava-se mais quente do que todo mundo queria e por isso a neve estava um pouco mole. Nunca vou esquecer como um competidor mudou a conversa. Numa entrevista na televisão, no final de sua primeira passagem, ele disse: "Todo mundo está cometendo o erro de pensar que o que importa é a neve. Não é a neve. Nunca é a neve. Trata-se de como eu esquio na neve, não importam quais sejam as condições". Ao parar de pensar na neve, o esquiador abriu espaço para deixar sua própria estratégia e capacidade se tornarem os fatores mais importantes.

Há pouco tempo, encarei uma situação "não é a neve". Muito do meu tempo é gasto fazendo discursos em convenções corporativas. Havia um discurso vindouro que eu de início via não apenas como incrivelmente desafiador, mas também como um problema em potencial. Sem entrar em detalhes, direi apenas que a tarefa de fazer esse discurso em particular era extremamente difícil. Passei boa parte de uma manhã concentrado nas circunstâncias pouco ideais que eu estava encarando.

Por fim, algo dentro de mim disse: "Joe, a maneira como você está olhando para isso não está funcionando. Abandone-a". Então fiz isso. Deixei de ver o discurso pelo filtro que o mostrava como um desastre potencial e escolhi vê-lo pelo filtro que o mostrava como uma vitória potencial. A chave para isso não eram as circunstâncias, mas minha capacidade de dominar o desafio e descobrir como me tornar o herói no processo. Não era a neve. Nunca é a neve.

Se você quer um mantra de poder para o trabalho e a vida, experimente este: "Há outra maneira de encarar isso". Tenho um amigo que acredita que todo mundo o persegue. A paranóia é sua realidade. Como a maioria das pessoas paranóicas, há uma grande falha em seu raciocínio. Ele não é lá grande coisa. As pessoas têm ocupações mais importantes do que gastar o tempo tecendo tramas contra ele.

Resolvi encarar o mundo de uma maneira bem diferente da dele. Sofro de paranóia ao contrário. Acho que todo mundo quer é me ajudar. E adivinhe. Todos querem. Imagino que todo mundo quer, e em geral as pessoas parecem concordar com isso. Abordo-as com a expectativa plena de que elas estão do meu lado e, olhe só, elas estão. Você acha que estou sendo ingênuo? Bem, eu costumo conseguir o que quero. E você?

Tudo que isso exige de você é um certo grau de perspectiva. Há com certeza circunstâncias na vida que justificam mais do que apenas uma mudança na percepção. Se alguém ou algo, por exemplo, ameaça a segurança da minha família, eu não vou me esforçar para mudar o jeito de encarar isso. Vou agir. Vou fazer o que for necessário para eliminar a ameaça.

Só porque escolhi enxergar o mundo através de uma lente positiva, não cometa o grande erro de achar que sou fácil de ser vencido. É bem o contrário. Não mexa comigo. Você vai se arrepender. Os derrotados não são aqueles que se mostram durões o suficiente para fazer algo a partir de circunstâncias difíceis. São os intimidadores e chorões que reclamam com freqüência que o mundo não é justo. Eles desabam sob pressão.

Muito poucas situações irão conquistar a concordância de todo mundo sobre qual deve ser a resposta ou a estratégia apropriadas, porque todos enxergamos as coisas de forma diferente. A pergunta crucial aqui é: se algo não está funcionando, como devo repensar o tema? É bem provável que sua maneira de encará-lo é que o tenha empacado. Qualquer que seja a situação ou problema, lembre-se sempre de que há outra maneira de olhar para ela. Sempre. Sempre que você achar que considerou todas as perspectivas e possibilidades, lembre-se de que não fez isso. Sempre há mais uma.

O que você vai querer fazer é criar tantas opções quanto possível. Proporcione a si mesmo a mais ampla variedade de escolhas possíveis numa situação. Em geral, as pessoas têm seu padrão pessoal de reações bem estabelecido, o qual limita suas opções. Algumas antecipam que, se tiverem um problema com um cliente no trabalho, então vai ser um dia ruim. Outras decidem antecipadamente que, se tiverem um problema com um cliente, vai ser um dia bastante bom com um problema bem normal para se resolver e que essa é a razão pela qual elas têm um emprego.

O que acontece no mundo é sem sentido até você atribuir um significado ao acontecimento. Sua visão de mundo é a única realidade que você tem. Atitude, motivação, estratégia, percepção, estilo, personalidade, temperamento, estado de espírito são literalmente nossa realidade. A atitude é como encarar o mundo. Se sua atitude não funciona, abandone-a e arranje outra.

Se tudo isso soa como algum tipo de sessão de estímulo motivacional para você, então não entendeu nada. O que algu-

## Nós Vemos as Coisas como Somos

mas pessoas chamam de atitude positiva na verdade diz respeito a tenacidade, criatividade e coragem. Eu sei que algumas pessoas acham difícil lidar com esse conceito. Sei disso porque também enfrentava essa dificuldade. Eu me descobri num trabalho rodeado por pessoas que eram dominadas pelo pensamento positivo. Isso me deixava louco. Rejeitei o conceito de que eu tinha controle sobre minha vida por meio das escolhas que fazia. Odiava saber que eu podia simplesmente abandonar o meu jeito ruim de encarar o mundo.

Por que não desistir de ter tudo sob controle? Está aí uma pergunta bem capciosa. Você pode assumir o controle da sua vida e conseguir o que quer, mas há um porém. Tem de parar de reclamar e ficar se sentindo péssimo. Puxa! Que escolha difícil.

Foi realmente uma escolha difícil. Se minha maneira de encarar o mundo é que eu não tenho nenhum controle, então essa é minha carta de "Saída Livre da Prisão"[1], não é? Tenho uma desculpa pronta para ser usada sempre que as coisas não acontecem do jeito que quero. Se abandonar isso, então sou responsável. Tenho o controle. Ah, minha nossa! Não tenho certeza de que quero ter o controle.

Eu entendo. Já passei por isso. Já fiz isso. Mas, uma vez que finalmente deixei de ser vítima das circunstâncias, minha vida mudou para sempre. Tudo se transformou. Eu agora falho com regularidade, porque tento uma porção de coisas novas. Algumas delas funcionam. Um monte delas não funciona. A diferença é que estou perfeitamente em paz com isso, porque abandonei a maneira como estava olhando para o mundo. Estou no comando. Acontecem coisas de que eu não gosto, e escolho minha resposta. Isso prepara o terreno para a próxima coisa.

Não é a neve. Nunca é a neve.

---

[1] O autor refere-se a uma carta do jogo Banco Imobiliário. (N. do T.)

# 9

# Promessas Estúpidas

O que faz alguém de mente saudável prometer mais do que pode cumprir? Essa pessoa não vivenciou a frustração, repulsa e raiva que ocorrem quando se é recipiente de tais promessas quebradas? Ela não percebe de fato o dano incrível que fazer promessas exageradas causa a negócios e relacionamentos? Aparecidos nunca – mas nunca mesmo – prometem o que não podem cumprir. Promessas quebradas são promessas estúpidas.

Em uma viagem de negócios para San Antonio, Texas, eu me hospedei num hotel com cartazes por todo canto que proclamavam a nova campanha publicitária da casa: "*Melhores* do que nossos concorrentes". Havia um grande cartaz no saguão, um pequeno no elevador e pequenos displays espalhados pelo meu quarto, todos dizendo a mesma coisa: "*Melhores* do que nossos concorrentes".

42  Como se destacar em seu ambiente de trabalho

Imagine minha surpresa e felicidade quando também descobri em meu quarto que havia sido escolhido como "Convidado do Mês", o que, a meu ver, devia ter sido fruto de uma seleção ao acaso. Como "Convidado do Mês", recebi um balde de gelo com algumas cervejas, uma bandeja de festa com molho e salgadinhos e um chapéu de palha de caubói. Legal. Havia também uma carta me parabenizando pela minha sorte em ter sido selecionado e pedindo para fazer um favor simples, porém importante para o hotel.

Em troca dos presentinhos, solicitavam que eu completasse uma pesquisa de opinião razoavelmente extensa. Alegavam ser *"Melhores* do que nossos concorrentes" em todos os aspectos, e queriam minha opinião. Tudo bem. Abri a primeira cerveja e ataquei a tarefa. Nossa, eles escolheram o cara errado. Na verdade, pegaram o cara certo, dependendo de se vão ou não usar as informações que lhes dei.

A opinião que expressei tomou a forma de uma bela bronca. Caí de pau em cima deles, porque queria lhes chamar a atenção para a incrível estupidez dessa absurda campanha de marketing *"Melhores* do que nossos concorrentes". É como se um andróide da propaganda dissesse: "Nós sabemos que não somos melhores do que nossos concorrentes, mas melhorar gastaria tempo, esforço e dinheiro demais. Então não vamos melhorar de verdade. Vamos só dizer que somos os melhores, o que vai atrair mais clientes e não vai custar nada além de uns cartazes e broches!". Oh, sim. Isso é que é um marketing genial.

Não vou chatear ninguém com a lista de deficiências do hotel, mas basta mencionar o recepcionista grosseiro, o quarto um tanto sujo, com as lâmpadas queimadas, e você já tem uma idéia. Este hotel não estava sequer no mesmo nível dos concorrentes.

Se eles não tivessem tocado no assunto, não teria ficado tão óbvio como eram ruins. Teria sido simplesmente mais uma

## Promessas Estúpidas

noite em um hotel medíocre. *"Melhores* do que nossos concorrentes!"* A ousadia dessa afirmação obviamente falsa me deixou zonzo. À medida que bebia mais das cervejas de brinde, tive de pegar papel extra para meu comentário, que ia ficando do tamanho de um livrinho.

Em algum lugar, algum idiota do marketing está realmente orgulhoso por ter pensado nesse conceito tão brilhante e visivelmente original (bocejo): *"Melhores* do que nossos concorrentes". Há um velho ditado: "Não lute com um porco. Você vai ficar todo sujo e vai irritar o porco". Deixe-me acrescentar: "Não afirme ser algo que não é. Você só vai parecer estúpido e irritar todos com quem entrar em contato".

A lição prática deste relato de infortúnio diz respeito a gerenciar expectativas. Não faça promessas que não pode cumprir. Promessas falsas não apenas trabalham para destruir marcas, como também estão entre as coisas mais destruidoras de carreira de todos os tempos. Seja preciso com suas estimativas do que pode fazer e de quando poderá realizar. Nunca faça promessas exageradas. Desde uma importante proposta de contrato até a hora que você se compromete a chegar no almoço, seja realista e cumpra o que prometer.

Grandes empresas e pessoas de ótimo desempenho são mestres em gerenciar expectativas e prometer apenas o que elas podem cumprir. Um dos exemplos consagrados de uma grande empresa é a Southwest Airlines. Falam muito da Southwest, mas ninguém nega seu poder de permanência como uma empresa aparecida de primeira classe. O que acho particularmente fascinante em relação à Southwest é que seus vôos não têm comida, não têm música, não têm filmes para se assistir e têm aquilo a que as pessoas se referem como processo de embarque de gado, embora eles estejam testando se vão ou não mudar isso.

44 Como se destacar em seu ambiente de trabalho

Mas a chave é que todo mundo sabe do que se trata, e a Southwest Airlines está sempre entre os líderes de menos reclamações dos consumidores. Fazem o que dizem que vão fazer. Não prometem algo e depois falham em cumprir. Sempre menciono como a Southwest Airlines gerencia bem as expectativas dos clientes.

Faça o que você diz que irá fazer. Não prometa o que você não pode cumprir. Promessas falsas são promessas estúpidas que irão destruir sua carreira ou negócio.

# 10

## Vamos Ser Demais

Ano passado, numa sala de estar em Nashville, Tennessee, uma mulher chamada Rebecca Folsom cantou uma música que mudou minha vida para sempre.

Você já ouviu uma música que mudou sua vida? Não estou falando de uma música que você acha bastante inspiradora ou que lhe traz lágrimas aos olhos quando a ouve. Não estou falando de uma música que faz você sorrir e dançar de felicidade quanto ela toca no rádio. Estou falando de uma música que faz você viver sua vida de um jeito diferente. Foi isso que aconteceu comigo.

Minha mulher e eu fomos convidados para assistir a uma apresentação particular numa residência, com Tom Kimmel, um velho amigo, que é um incrível cantor e compositor. O show de abertura era uma mulher que eu não conhecia e nunca havia ouvido antes, Rebecca Folsom. Era só ela e seu violão, e foi um prazer ouvi-la. Sua última canção chamava-se "Let's Be Too Much" [Vamos ser demais].

Uma antiga sabedoria diz que quando o estudante está pronto, o mestre aparece. Eu estava pronto. Rebecca Folsom apareceu. Ela me ensinou com sua música. Conforme eu ouvia as palavras, aquilo se tornou mais do que entretenimento. Era uma lição destinada a mim. Eu estava no lugar certo e na hora certa da minha vida para ouvir a mensagem daquela canção. Não percebi o quanto ela havia me afetado até dias depois, quando ficou claro que não ia sair da minha cabeça ou do meu coração.

Uma música, um livro, um poema, uma pintura ou qualquer outra forma de expressão de pensamento ou sentimento pode afetar alguém de maneira profunda se for o momento certo. A mensagem de "Let's Be Too Much" pode não significar nada para você, mas significou muito para mim. Aqui está uma parte da letra:

Eu fechei as portas, não para impedir o mundo de entrar,
Mas para me manter sob controle e para dominar o efeito propagador que eu pudesse emitir.
Acaso meu sorriso é largo demais, minha risada alta demais, acaso minha música está entrando?
Derramando sobre mim e sobre você – em que bagunça adorável nós estamos.
Vamos ser demais para esse lugar.
Vamos queimá-lo completamente numa chama sagrada.
Acender nossa paixão, escalar as paredes, enlouquecer como se não fosse nada.
Queda livre, queda livre.

Abra bem sua mente e deixe a dança começar.

Abra bem sua mente – liberte-se para ser carregado por algum vento selvagem.

Como disse, estas palavras podem não significar muito para você, mas no meu caso elas me pegaram de jeito. Foi como se uma luz se acendesse em minha cabeça. Percebi, enquanto ouvia a música, que Rebecca tinha expressado exatamente o que eu queria para minha vida. Eu vinha sentindo havia já um tempo que estava empacado no meu estilo de vida, e queria sair dessa condição. Isso não significava que eu quisesse fugir da minha vida como ela era. Na verdade, o que eu queria era abraçá-la. Queria me sentir completamente envolvido e parar de fazer apenas o que era seguro. Queria, como dizem, ir fundo nessa. Queria "ser demais".

Pense na letra da música. Você já fechou as portas, não para impedir alguém de entrar, mas para permanecer dentro? Você colocou uma tampa e um limite em quem você é e no que pode fazer com a vida? Você teme que seu sorriso, seu riso e sua música sejam demais se libertá-los?

Quando Rebecca canta "vamos queimá-lo completamente numa chama sagrada", ela não está falando de destruição. Está falando de abrir espaço para uma nova vida surgir das cinzas. Fala de esperança e energia. As idéias de acender minha paixão, escalar as paredes e deixar a dança começar me tocaram todas de tal maneira que senti que tinha de mudar minha vida e meu trabalho ou iria explodir de frustração. Essa música me fez perceber que eu não estava correndo riscos, estava pensando pequeno e tomando o caminho de menor resistência.

Estava fazendo o trabalho que era fácil para mim. Fácil demais. Não estava me colocando diante de desafios criativos, e isso, para mim, é como uma morte lenta. Não estava assumindo riscos suficientes, e o preço disso era o tédio. Toda minha vida eu disse que preferia me queixar a ficar entediado, mas estava violando essa regra todos os dias. Sentia-me entediado para valer.

Inspirado por "Let's Be Too Much", comecei a mudar a natureza do meu trabalho, especificamente nas apresentações ao vivo que faço para platéias. Produzi uma série de vídeos, incluindo um videoclipe de Rebecca cantando "Let's Be Too Much". Os vídeos acrescentaram vida e energia ao meu trabalho. Pela primeira vez em anos, comecei a sentir entusiasmo e propósito em relação a ele. A música de Rebecca apertou um botão de "ligar" em mim que estava desligado havia tempo demais.

Chega um momento para a maioria de nós em que temos de decidir se vamos desistir ou ir nessa. Se você está nesse ponto da sua vida, deixe-me oferecer o melhor conselho de que sou capaz. Algumas vezes você tem de dizer: "Diabos, eu estou nessa".

Vamos ser demais. Estou nessa. E quanto a você?

# 11

# A Imaginação Irá Levá-lo a Qualquer Lugar

A Terra gira em torno do Sol. Todo mundo sabe disso. No entanto, quando tal idéia foi pela primeira vez sugerida por Copérnico e Galileu, as pessoas acharam que eles fossem loucos. Copérnico e Galileu não criaram nada novo. Simplesmente olharam para a mesma coisa para a qual todo mundo estava olhando e viram algo diferente. Propuseram um contexto diverso para entender a informação que existia desde sempre.

Como todas as idéias realmente inovadoras, a noção de que a Terra gira em torno do Sol, em vez do contrário, gerou um debate notório e uma resistência acirrada. É isso que acontece quando alguém propõe uma idéia realmente inovadora. A mesmíssima coisa acontece em salas de reunião de empresas no mundo todo e em nossa mente quando conversamos com nós mesmos. Uma nova idéia é considerada maluca até se tornar algo que todo mundo sabe.

Assim como o fato de a Terra girar em torno do Sol, a próxima grande idéia para seu negócio ou carreira provavelmente está bem na sua frente, bem ao alcance da sua vista. Você não tem de inventá-la. Marcel Proust disse: "A verdadeira viagem do descobrimento consiste não em ver novas paisagens, mas em ter novos olhos".

Há uma grande demanda de consultores que venham para a empresa e criem novas idéias. Essa procura existe pela mesma razão pela qual existem mercados de peixe. Preferimos pagar alguém para pescar o peixe do que fazer isso nós mesmos. Ter novas idéias, porém, não é algo que realmente precisemos pagar outra pessoa para fazer por nós. É simplesmente uma questão de aprendermos a enxergar, como Proust sugere, com novos olhos. A inovação surge da prática e da disciplina em sempre ter sua antena mental pronta para achar uma nova forma de olhar informações preexistentes.

Quando você vê as caixas de leite sendo repostas na gôndola no supermercado, o que você enxerga? Alguém enxergou uma entrega *just-in-time* para o mercado automotivo. É daí que quase todas as idéias inovadoras vêm. Não é a criação de algo completamente novo, mas em vez disso a aplicação de uma idéia de uma área em outra. É inovação adaptativa. Você pode fazer isso. Todo mundo pode fazer isso. Só é preciso prática.

No meu livro *Becoming a Category of One*, escrevi sobre a empresa Les Schwab Tires e sua prática de ter alguém correndo para cumprimentar cada carro que pára em seu estacionamento. É um gesto simples que provoca uma grande impressão nos clientes. Tornou-se sua marca registrada. Transmite a seguinte mensagem: "Você é a coisa mais importante para nós".

A Imaginação Irá Levá-lo a Qualquer Lugar 51

Então, qual é sua versão de correr até o carro? Para mim, pode significar separar o tempo para entender de verdade a natureza do negócio de um cliente num nível que ninguém mais entende. Ou pode ser um telefonema adicional para tranqüilizá-lo de que tudo está no lugar certo para o projeto. Pode até ser oferecer-se para escrever um artigo para a revista da associação comercial do cliente. Eu estou correndo até o carro. Como você corre até ele?

Pessoas bem-sucedidas procuram idéias em todos os lugares. Elas são esponjas de idéias que absorvem inspiração de qualquer fonte, momento ou lugar. Se elas se registram num hotel e o processo vai particularmente bem, elas pensam: "Isso foi fácil. Quão fácil é realizar negócios conosco? O que estamos fazendo que pode potencialmente criar uma barreira para isso? Como atendemos os telefonemas? Quão fácil de navegar é nosso site? Nossas faturas são claras e fáceis de se entender? O que podemos fazer para ser como o processo de registro nesse hotel?". Você não tem de ter idéias completamente novas para inovar. Pode apenas aprender a usar uma idéia existente em outro contexto.

Se você tem crianças pequenas, você tem criadores de inovação naturais. Quando minha filha, Jess, tinha três anos de idade, fizemos uma atividade de uma das suas revistas para crianças. Cortamos figurinhas que, quando dobradas de uma maneira específica, deveriam funcionar como helicópteros quando alguém as deixava cair. Elas eram projetadas para rodopiar de maneira divertida e pousar suavemente no chão.

Nossos helicópteros pareciam rochas. Jess e eu cortamos as figuras, dobramos conforme a instrução, e nos revezamos jogando-as no chão. Elas caíam direto, sem girar uma única vez. Depois de repetidas tentativas e muita frustração de minha parte, Jess de repente gritou: "Espere, pai! Elas não são helicópteros. São pequenas pessoas usando coletes. Olhe, são uma família. Este é o pai e esta é a mãe e este é o bebezinho".

As figuras funcionavam perfeitamente como pequenas pessoas. Jess estava se divertindo para valer brincando com essa pequena família de helicópteros enquanto eu não estava me divertindo nem um pouco, preso na idéia do que a revista havia dito que deviam ser. Eu estava limitado por uma prática de anos seguindo instruções e colorindo dentro da linha. Jess, no entanto, estava livre de qualquer noção preconcebida. Jess era original. Ela era uma pensadora crítica como só alguém com três anos de idade pode ser. Eu tinha a lógica do meu lado. Jess tinha a imaginação. Não era uma luta justa. Albert Einstein disse: "A lógica irá levá-lo de A a B. A imaginação irá levá-lo a qualquer lugar".

Algumas vezes as melhores idéias não são nem um pouco lógicas: aliás, com freqüência elas são contrárias à intuição. Li uma reportagem sobre um vilarejo na Holanda que enfrentou por anos problemas de trânsito sérios e algumas vezes perigosos num cruzamento importante. Eles tinham usado todo tipo de sinal de trânsito e placa que podiam pensar para resolver o problema. Por fim, trouxeram um consultor de fluxo de tráfego de Londres que estudou o problema por algumas semanas. Quando ele apresentou sua solução, os líderes do lugar ficaram estupefatos.

O que o consultor propôs foi tirar todas as placas e sinais e deixar o tráfego ir aonde quisesse ir. Deixar o trânsito regular a si mesmo. E, é claro, funcionou. O problema foi resolvido com uma solução completamente esquisita. Para regular o trânsito, não coloque mais regras nele. Tire as regras. Esta é uma história interessante, mas que possível aplicação ela pode ter para você?

Talvez nenhuma para você, mas a história me fez começar a pensar em qualquer coisa no meu negócio em que eu tivesse

A Imaginação Irá Levá-lo a Qualquer Lugar 53

um problema de "fluxo de tráfego". Comecei a considerar como eu cobrava certos clientes de consultoria por hora, e como parecia que não havia horas suficientes nos meus dias de trabalho para dar conta de tudo. Então tirei todos os sinais e placas de trânsito. Tornei-me disponível para meus clientes de consultoria durante 24 horas por dia, sete dias por semana. Eles tinham acesso ilimitado a mim e podiam me ligar a qualquer hora.

Adivinhe. Quando meus clientes tinham um limite de horas em que podiam ligar, a tendência era usar cada minuto de cada hora para receber o maior valor por seu investimento. Quando mudei o fluxo para acesso ilimitado, coloquei o foco no que estávamos tentando realizar, em vez de colocá-lo nas horas envolvidas. Eles se auto-regularam e meu tempo com eles na verdade diminuiu, enquanto nossa produtividade aumentou, assim como a satisfação deles.

Se você alguma vez estiver no Aeroporto Internacional de Los Angeles, fique de olho nas barracas onde se engraxa sapato de graça. O cara que é dono dessas barracas não cobra um centavo. Ele, ou um de seus funcionários, vai polir seus sapatos, ser superagradável e simplesmente virar-se para o cliente seguinte quando terminar. Então, como ele ganha dinheiro? Olhe para as gorjetas que as pessoas dão. Eu vi na maioria notas de 20 dólares. As pessoas ficam tão satisfeitas com o serviço, a qualidade do trabalho e todo o conceito chocante da transação que dão mais do que ele teria cobrado originalmente. Isso é muito legal. As idéias giram na minha cabeça. Se algo como isso não o faz pensar, então sugiro que você consulte seu pulso. Talvez esteja morto.

É uma coisa muito poderosa tornar parte de nossas conversas habituais perguntas como "E se?", "Por que não?" e "Se não agora, quando?" ou "Se não nós, quem?". O motivo pelo qual não somos mais inovadores é que a maioria sempre derruba a inovação. Sempre. Lembre-se, a inovação pode significar que, ao adaptar uma nova idéia para sua indústria ou campo de trabalho particular, você vai ser o primeiro – o que é uma coisa corajosa para se fazer. Empresas e indivíduos de maior desempenho são aqueles dispostos a tomar decisões audazes.

Você tem de desafiar suposições e complacência de maneira freqüente. Seu sucesso passado provavelmente é o maior inimigo de seu sucesso futuro, porque pode sugá-lo para o buraco negro de achar que você sabe o que funciona. Na melhor das hipóteses, o sucesso significa que você sabe o que costumava funcionar. A realidade de amanhã exigirá novas soluções e criará novas oportunidades. Se você está preso na maneira como sempre fez as coisas, então está perdido. O sucesso é algumas vezes um professor ruim. Ele pode fazer você parar de pensar.

A dura verdade é que aquilo que o tornou bem-sucedido até o momento pode muito bem ser a coisa que está impedindo que você chegue ao próximo nível. No meu negócio, a estrada para o sucesso é coberta pelos restos de carreiras quebradas de pessoas que já foram mestres de sua área, mas pararam de aprender e crescer. As coisas estavam ótimas, todo mundo estava feliz e eles estavam ganhando muito dinheiro, então por que mudar? Porque amanhã o cliente pode querer algo melhor e diferente. Você acompanha o ritmo das mudanças ou é deixado para trás. Existem muitas pessoas que costumam ter o melhor desempenho de suas áreas e agora estão se perguntando o que aconteceu. Elas só podem ser bem-sucedidas em mercados que não existem mais.

Para mim, negócios consistem basicamente em duas coisas: idéias e execução. Meu trabalho é ter grandes idéias que me permitam criar valor para meus clientes. E então preciso executar essas idéias de uma maneira que funcione. Dizem que visão sem execução é uma alucinação. A execução é algo crítico. Também preciso aceitar que a melhor execução de uma má idéia tampouco funciona. Mas más idéias são inevitáveis se você for um pensador inovador.

Talvez minha frase favorita sobre a inovação venha de Thomas Edison, que disse: "Quando você exauriu todas as possibilidades, lembre-se disso: você não exauriu". Para mim, a mensagem é simplesmente continuar pensando. Continue tentando. Cometa erros; aprenda com eles; e então aplique o que aprendeu na idéia seguinte. Os erros não vão matar ninguém. A complacência vai.

# 12

# Atenda a Perspectivas Internas

Algumas vezes podemos ficar tão empolgados com novas idéias e modos diferentes de pensar que acabamos perdendo uma grande oportunidade de melhoria significativa. Embora plenas de pensamentos inovadores, as pessoas de melhor desempenho estão constantemente examinando os elementos mais básicos de seu negócio em busca de oportunidades para melhorar. Enquanto faz *brainstorms* criativos em busca de novas idéias excitantes, talvez você esteja perdendo clientes porque não está cumprindo suas expectativas básicas.

Às vezes é preciso voltar a olhar de dentro de seu negócio. Qual é o retorno potencial se você melhorar de maneira significativa o cumprimento dos desejos e necessidades centrais de seus clientes? E se você inventar uma maneira melhor de resolver os problemas cotidianos dos clientes, em vez de simplesmente criar algo novo? E se você se concentrar na uniformidade do desempenho e na confiabilidade absoluta, em vez de acrescentar uma nova campainha ou sino para seu produto?

Quem sabe você está se matando para inventar um novo item para o menu de sua barraca de hambúrguer, quando seus clientes só querem que o seu hambúrguer esteja sempre quente. O que você já está fazendo que pode fazer melhor? Esse pode ser o melhor investimento de seu tempo e esforço. Reorganize e atualize o que já está fazendo e vai ficar surpreso com o retorno desse investimento. Você pode ser tanto a lebre quanto a tartaruga. Pode ser inovador ao mesmo tempo em que continua a melhorar suas capacidades básicas.

Qual é seu ponto fraco? No que você não é muito bom? Seus clientes irão lhe dizer se você perguntar. Acredite, você provavelmente vai ter de fazer isso. A maioria dos clientes adota o caminho de menor resistência, que é simplesmente não dizer nada quando não estão felizes. É preciso levá-los a lhe contar o que você pode fazer melhor. É difícil de ouvir, mas quem tem o melhor desempenho de uma ocupação está sempre com fome de saber em que precisa melhorar.

Uma companhia de combustível quer aumentar as vendas em postos de gasolina. A vice-presidente encarregada do projeto diz que todos os colegas dela queriam propor novas ofertas ou serviços para os consumidores, mas ela decidiu perguntar aos clientes o que era importante para eles antes de agir. Uma abrangente pesquisa de opinião revelou que o que eles queriam nos postos de gasolina era o básico, incluindo bombas de gasolina que funcionassem, abrigo do mau tempo, pagar e sair com rapidez, um custo razoável e banheiros limpos.

A empresa se comprometeu a melhorar. Redobrou os esforços para atender às expectativas básicas dos clientes. O resultado foi um aumento bastante significativo nas vendas e um

## Atenda a Perspectivas Internas                    59

retorno de dois dígitos no capital. Grandes empresas estão sempre perguntando a seus clientes o que eles realmente valorizam e se esforçam para atender a essa expectativa.

Opiniões de clientes podem indicar que seu ponto forte específico está no processo de venda e entrega inicial, mas que você é ruim no acompanhamento e nas comunicações de clientes em andamento. Vá trabalhar. Fique bom em dar seguimento. Torne-se um mestre das comunicações com clientes. Talvez seja o que menos goste de fazer, mas o sucesso não se constrói fazendo apenas o que a gente acha fácil. Agüente firme e faça o trabalho que não quer fazer, especialmente se for algo em que você é deficiente. Tudo vai se tornar mais fácil de modo gradual, e quanto mais fizer, mais você vai melhorar.

Curiosamente, o erro mais comum que vejo as pessoas cometerem é falhar em melhorar no que elas já são boas. Elas em geral querem inventar algo completamente novo para acrescentar ao seu arsenal de habilidades, em vez de se concentrar no que fazem realmente bem, mas em que poderiam ser incríveis apenas com um pouco mais de esforço. A armadilha é o velho inimigo – o antigo sucesso. Se eu sei que sou bom em algo em que trabalhei no passado, a tentação é me contentar com meu nível atual de desempenho.

Quando o ponto forte de um craque do beisebol é rebater a bola, isso não significa que ele pára de treinar. Se ele acerta quarenta *home runs* numa temporada, então sua meta deve ser acertar cinqüenta na próxima. Se o ponto fraco desse mesmo jogador é receber a bola, é claro que ele vai trabalhar com os treinadores para melhorar isso. A questão é melhorar em todas as frentes o tempo todo. Mas nunca ficar tão encantado pela idéia de fazer algo completamente novo a ponto de esquecer de olhar para o que você já vem fazendo e trabalhar nessas coisas.

Se você não é particularmente bom em algum aspecto do seu trabalho, torne-se bom nele. Se você é ótimo em algo, torne-se melhor nisso. É nisso que consiste o destacar-se. Você nunca pára. Nunca fica entediado e a diversão nunca termina.

# 13

# Queira Estabelecer Ligações

Sua disposição para se conectar com pessoas é um dos fatores mais importantes para o sucesso e a felicidade na sua vida. Se quiser estabelecer ligações, você vai fazê-lo. Se não quiser, não vai. Tudo se resume a duas regras. Se gosta de pessoas, elas vão gostar de você também. Se não gosta de pessoas, elas não vão gostar de você.

Minha amiga Jearlyn Steele é uma das cantoras mais incríveis que eu já vi se apresentar. Consegue impressionar todo mundo na platéia, e eu com freqüência me perguntei qual é o segredo de seu sucesso. Vai além de ser uma ótima cantora. Tem algo a ver com sua capacidade de estabelecer ligações com cada pessoa na platéia. Quando perguntei a Jearlyn sobre isso, ela simplesmente disse: "Eu desejo estabelecer ligações. Realmente espero me conectar".

Se você está tomando notas ou sublinhando algo neste livro, sublinhe a declaração de Jearlyn: "Eu espero me conectar".

62      Como se destacar em seu ambiente de trabalho

Isso é importante. É essencial. É a sorte grande. Se você abordar seu trabalho e sua vida com a intenção de "Eu espero me conectar", não há jeito de não ser bem-sucedido. Essa é essência de se destacar na sua melhor forma.

Pense sobre cada pessoa nos últimos dias que criou uma impressão favorável em você. Qual foi o fator comum em cada uma dessas interações? Uma conexão foi estabelecida. Pode não ter durado mais do que alguns segundos, mas uma conexão foi estabelecida.

Jearlyn diz que estabelecer ligações é uma questão de fazer "o amor crescer". Ela disse: "Há pessoas que vão ouvir isso e dizer: 'Ah. Não se trata de amor, Jearlyn, não se trata de amor'. Mas é amor, sim". Jearlyn e eu estamos completamente de acordo que, no final das contas, é tudo um lance de amor.

Você quer que seus clientes gostem de fazer negócios com você? É claro que sim. Nunca ninguém me disse o contrário. Mas você fala de amor no trabalho? Provavelmente não. E por que não? Como pode querer que as pessoas gostem de fazer negócios com você e ao mesmo tempo não querer falar de amor? Não tem sentido. Porque vivemos num mundo tão perturbado, falar de amor tornou-se inapropriado? Não conte isso para a Southwest Airlines (símbolo na bolsa de valores: LUV, uma ortografia alternativa para a palavra amor, em inglês). Eles falam de amor o tempo todo. É parte de sua estratégia. Por que não seria?

Todo mundo quer amor. É a necessidade humana mais básica. É uma pena e um grande desperdício que em geral a gente se sinta pouco à vontade ao falar de amor. Porém, quer você chame de amor, compromisso, ligação ou outra coisa, o fato é que é isso que faz o mundo girar. Não é algo que precisa de explicações, mesmo num contexto de negócios. Todo mundo

## Queira Estabelecer Ligações

"entende"; para ser bem-sucedido nos negócios ou em sua carreira, você tem de se conectar. O problema é que não damos atenção a isso. Não somos intencionais quanto a isso. Jearlyn definiu com precisão quando disse que ia trabalhar com o pensamento de: "Eu espero me conectar". Nossa! Pense no poder dessa idéia. Se você for trabalhar todos os dias com a intenção de realizar conexões com cada pessoa com quem entrar em contato, que profunda diferença isso poderá fazer.

A conexão pode ser algo tão simples quanto estabelecer contato visual. Pode mudar todo o seu mundo. Experimente por um dia. Por 24 horas, apenas faça contato visual real com todo mundo com quem interagir. Não precisa ser forçado, e com certeza não deve ser algo incômodo. Não estou falando de encarar as pessoas. Apenas olhe seu cliente ou colega de trabalho nos olhos pelo tempo suficiente para realizar uma conexão. Quando a pessoa no café entregar seu pedido, faça contato visual por tempo suficiente para reconhecer sua presença. É mágico. Isso irá mudar completamente seu estado de espírito e como você se sente em relação a si mesmo e ao mundo.

Estabelecer ligações significativas consiste em fazer pequenas coisas com atenção e intenção. Atenção significa se concentrar tanto na pessoa quanto na tarefa, trabalhar com cuidado e se importar com a pessoa para quem você está fazendo a coisa. Intenção significa estar ali – realmente estar ali, e não estar fazendo por fazer.

Para mim, trabalhar com atenção e intenção é a melhor parte de se destacar. É fácil pensar que se destacar significa fazer algo chamativo ou exagerado, mas em geral esse não é de forma alguma o caso. Para mim, os melhores aparecidos são as pessoas que são tão eficientes e sutis que você mal as percebe, mas com certeza nota a mágica que elas criam. Destacar-se não

64 Como se destacar em seu ambiente de trabalho

tem a ver com fazer grandes coisas ou ser um superastro. Destacar-se tem a ver com as pequenas coisas feitas com atenção e intenção.

É nossa intenção apenas vender coisas ou estamos aqui para ajudar pessoas? Há uma diferença. Você tem a intenção apenas de passar pelo dia ou fazer do dia algo significativo? Há uma grande diferença.

Também é uma questão de atenção e de saber que coisas aparentemente pequenas contam bastante para estabelecer ligações com as pessoas. Recentemente fui contratado para ajudar um hospital com sua campanha de "Foco em Nosso Cliente". Lembro que um médico quis saber como os pacientes podem acreditar que o hospital se importa de verdade quando é quase impossível encontrar um lugar no estacionamento. É fácil pensar que nosso produto ou serviço central é tudo que importa quando, na verdade, é a experiência total que criamos que realmente realiza uma conexão ou faz com que as pessoas se sintam negligenciadas. Se você torna difícil que eu estacione, então, por favor, não diga que se importa comigo.

Conectar-se com pessoas por meio de pequenas coisas realizadas com atenção e intenção é algo que pode ser feito por qualquer pessoa ou organização, mas que não vai acontecer em decorrência de um memorando, de cartazes motivacionais no restaurante dos funcionários ou de uma menção ocasional em reuniões de pessoal. Conexões acontecem quando se pensa nelas, fala nelas e serve como exemplo disso o dia todo e todos os dias. É nisso que as pessoas de maior desempenho se concentram o tempo todo.

E, no final das contas, estabelecer ligações com pessoas é uma questão de realmente se envolver com elas. Trata-se de estar presente com intenção e não só fingindo ou fazendo por fazer. E, como Jearlyn disse, quando você se conecta, é você

# Queira Estabelecer Ligações    65

quem se beneficia. Quando realiza uma conexão, você alimenta o próprio espírito.

Eu estava num hotel em Columbia, Carolina do Sul, anos atrás, e, conforme andava pelo saguão, passei por uma pessoa da limpeza. Ela me deu o sorriso mais cordial e maravilhoso que já tinha visto. Eu disse: "Este sorriso me faz sentir melhor". Ela me olhou bem no olho e disse: "Ele me faz sentir melhor também". Foi um encontro de dez segundos, mas a ligação que ela fez comigo foi poderosa o suficiente para permanecer em minha memória durante todos esses anos.

Queira se conectar. É um modo de vida.

# 14

# Apostando Tudo

Há um fenômeno cultural que está envolvendo toda a nação: o pôquer está se tornando um jogo assistido por muitas pessoas. Minha nossa, os Estados Unidos são um grande país, é ou não é? O pôquer é o jogo mais recente a ganhar uma audiência. Isso é que é não levantar do sofá para nada. Podemos ligar a televisão e assistir, sem nenhum esforço físico, a homens e mulheres jogando cartas em volta de uma mesa.

Deixe-me ser o primeiro a admitir que eu me descubro de vez em quando cativado pelo drama de assistir a pessoas jogando pôquer e apostando dinheiro alto. O pôquer tem de tudo – fingimento, intriga, medo e uma dose generosa de como se destacar. Em geral, há uma ampla variedade de personalidades em volta da mesa final, na qual um dos jogadores vai levar tudo. Há o contador de vantagem agressivo e barulhento que todo mundo adora odiar. Há o jovem sujeito misterioso, de óculos escuros, que não deixa transparecer nem que está respirando. Há a mulher que navegou o mundo dominado por homens do pôquer para conquistar seu lugar de direito entre os mestres. Há o velho usando chapéu de caubói que é adorado por todos, inclusive por seus adversários. É basicamente tudo de que você precisa para uma ótima noite de entretenimento diante da tela da televisão.

Recentemente, o reverendo Jim Kitchens, o pastor da nossa igreja e fã confesso de pôquer, deu um sermão sobre o conceito de "apostar tudo" – o momento da verdade para um jogador de pôquer. "Apostar tudo" é quando o jogador aposta todas as fichas numa rodada só. Ele vai ganhar tudo e sobreviver para jogar mais uma rodada, talvez até ganhar tudo e ser o campeão, ou perder tudo e ir para casa sem nada. É um momento vibrante pelo qual vivem os jogadores e fãs de pôquer – a sensação de que tudo está em risco sem nenhuma garantia.

Jim usou "apostar tudo" como uma metáfora para a profundidade do comprometimento. Foi um desses sermões que fazem você se contorcer na cadeira porque é forçado a dar uma olhada honesta em sua vida e no que afirma ser realmente importante. Você tem que ver se o que diz é compatível com a forma como vive.

Eu acho que é útil avaliar se apostamos tudo ou não no que dizemos que valorizamos. No meu trabalho, eu aposto tudo quando estou a serviço dos meus clientes? E quanto à minha lealdade aos meus colegas de trabalho? Estou apostando tudo quando se trata de seguir meus sonhos e metas? Apostei cada ficha que tenho em termos da minha família? Da minha fé? Da minha comunidade? De meus amigos? Estou apostando tudo?

Passei quase três décadas trabalhando com empresas e indivíduos sobre formas de melhorar o desempenho. Se eu pudesse dar a você apenas uma idéia para criar o máximo desempenho pessoal, seria isso: aposte tudo. Qualquer que seja seu nível de

## Apostando Tudo

69

habilidade, experiência, vantagens ou desvantagens, se você e sua equipe realmente apostarem tudo, então não tem jeito de eu apostar contra vocês. Vi isso inúmeras vezes em incontáveis exemplos de uma pessoa ou equipe em que parecia improvável que se alcançasse a meta declarada e eles não só a alcançaram como a superaram. O fator mais importante no sucesso foi eles terem se empenhado completamente, de todo coração.

Examine sua experiência. Você pode estar conseguindo fazer apenas o básico no seu trabalho, mas pode ser o astro do seu time de futebol do final de semana? Qual é a diferença? Imagino que você está apostando tudo no time, mas mostrando pouco entusiasmo no trabalho. Se esse é o caso, então qual é a resposta? Como você pode ser tão bom no trabalho quanto é no seu time de futebol?

Ou você aposta tudo que tem no trabalho ou encontra outro trabalho onde pode apostar tudo. Se a escolha é encontrar outro trabalho, então comece agora. Realize as ações que irão levá-lo a um trabalho mais realizador. Se sente que deve permanecer onde está, então comece a criar a mentalidade de "apostar tudo" nele. Para muitas pessoas, esse é um desafio colossal. Eu entendo. Já senti isso. Algumas vezes ainda sinto.

Uma coisa que sempre me irritou é essa idéia de que se alguém apenas "seguir a paixão", as janelas do céu irão se abrir e cobri-lo de sucesso e paz de espírito, e a vida será uma maravilha com todo seu potencial realizado. Certo. Como se fosse assim tão simples. Meu problema é que não estou completamente certo da minha paixão quando se trata do meu trabalho. Gosto bastante de escrever. Divirto-me dando palestras. Mas sou realmente apaixonado é pela minha família e pelos meus amigos. Talvez bem no fundo eu seja um preguiçoso. Minha paixão é andar com pessoas de quem gosto.

## 70    Como se destacar em seu ambiente de trabalho

Em vez de largar meu emprego e sair de licença para descobrir alguma paixão ardente por uma carreira – o que, aliás, pode ser ideal para algumas pessoas –, decidi apostar tudo no meu trabalho porque, bem, é meu trabalho. Sério. Concluí que qualquer trabalho que eu fizer pode ser uma fonte de satisfação e até mesmo felicidade, dependendo de quão disposto estou para apostar tudo.

Isso pode virar uma pergunta estilo "o ovo ou a galinha". Devo esperar até encontrar um trabalho que eu adoro antes de decidir apostar tudo? Ou devo apostar tudo para começar a amar o trabalho que tenho?

É como o varredor de rua que decide ser o melhor varredor de rua na história do mundo porque não tem sentido encarar o trabalho de outra forma. Por que eu não iria querer ser o melhor no que estou fazendo? Gosto da idéia de que, quer eu esteja varrendo uma rua, arrancando as ervas daninhas do quintal, tocando bateria numa banda, dando uma aula, tirando fotos num casamento, trabalhando como um representante de serviço ao cliente, vendendo seguros, lavando carros, administrando uma empresa, sendo um personal trainer, empacotando compras ou escrevendo um livro, eu vou tomar a atitude de impressioná-lo com o que faço. Ou talvez impressionar a mim mesmo.

É por isso que as pessoas escalam montanhas. Porque elas estão lá. Por que eu gostaria de apostar tudo no meu trabalho? Porque ele está lá. A gente só precisa desse motivo. A questão maior é: por que você não aposta tudo?

# 15

# Joe e Muhammad

É fácil encontrar aparecidos nos esportes, estão vamos dar uma olhada nessa área. Vamos ver o que podemos aprender com alguns atletas incríveis sobre como se destacar em nosso trabalho. Vamos visitar meu Hall da Fama dos Aparecidos do Esporte. Você não tem de ser um fã de esportes para aprender essa lição. Só precisa ser humano.

Quando eu era uma criança nas décadas de 1950 e 1960, meus heróis do esporte eram os rebeldes que conseguiam cumprir suas promessas. Enquanto todos os outros eram fãs dos *quarterbacks* profissionais bonzinhos Bart Starr e Johnny Unitas, eu era fã de Joe Namath. Bart Starr e Johnny Unitas eram heróis clássicos. Eles eram os caubóis de chapéu branco. Joe Namath fazia um estilo meio bandido. O *establishment* detestava Joe Namath. Ele era insolente e aparecido. Usava casacos de pele que iam até o chão e tinha um bar em Nova York chamado

72 Como se destacar em seu ambiente de trabalho

Broadway Joe's. E a maioria das pessoas achava que ele falava demais.

Antes do seu time, o New York Jets, jogar contra o Baltimore Colts no Superbowl III, ele fez o impensável. Garantiu uma vitória. Os Jets eram considerados por todo mundo como aqueles que estavam naturalmente destinados a perder. Ninguém acreditava que eles poderiam derrotar os Colts. Mas Namath garantiu isso. Talvez você seja jovem demais para se lembrar de como eram as coisas nos esportes profissionais na época, mas, acredite em mim, ninguém fazia algo assim naquele período.

Os Jets venceram os Colts. Eu era um garoto de 15 anos extremamente feliz.

Alguns anos atrás, eu me vi sentado do lado de Joe Namath num vôo de Los Angeles, Califórnia, para Palm Springs, Flórida. Não disse nada além de um simples "oi" para Namath até o final do vôo. Enquanto estávamos de pé no corredor do avião, esperando a porta abrir, eu disse: "Eu sou seu fã, Joe. Quando vocês derrotaram os Colts, foi um dos melhores dias da minha vida". Ele sorriu e disse: "Obrigado. Foi um dos melhores dias da minha vida também".

Joe Namath podia ser um aparecido bem barulhento e visível. Mas ele bancava suas palavras com ações. Fazia o que dizia que ia fazer. Era dele de que falavam quando diziam: "Não é contar vantagem se você consegue fazer".

Nessa mesma época, eu parecia ser praticamente o único garoto em Springfield, Tennessee, fã de um boxeador peso-pesado chamado Cassius Clay, que mais tarde mudou seu nome para Muhammad Ali. Parecia que todo mundo odiava Ali, com exceção de mim e do apresentador esportivo, Howard Cosell. A maioria das pessoas também não gostava de Cosell. Elas achavam que ele e Ali não eram nada além de uns aparecidos irritantes.

## Joe e Muhammad

Ali era um boxeador audacioso que proclamava em alto e bom som ser "o maior lutador de todos os tempos!". Ali definiu novos padrões quando o assunto é se destacar, e não eram só palavras vazias. Uma pesquisa com especialistas de boxe do canal ESPN apontou Muhammad Ali como o maior lutador, não apenas na categoria peso-pesado, mas em todas as categorias, de todos os tempos. Ali não apenas reavivou o boxe como esporte, ele o redefiniu. Ele entendia o princípio de se estabelecer uma ligação emocional com os fãs – uma ligação positiva ou negativa. Era possível vê-lo como herói ou como vilão. Mas não ignorá-lo. Ele era uma força da natureza.

Recentemente, no aeroporto de Cincinnati, vi uma longa fila de pessoas dando voltas no terminal. Todo tipo de gente – jovens e velhos, negros, mulatos e brancos, homens e mulheres –, todas se encaminhando para um determinado ponto. Aquilo despertou minha curiosidade, quis descobrir o que era. Encontrei uma posição privilegiada de onde podia ver o objeto dessa agitação. Era Muhammad Ali. Naquele ponto de sua vida, ele havia desenvolvido um tremor nos membros e na voz, e estava sentado, cumprimentando os fãs.

Mas o brilho ainda estava em seus olhos, e enquanto as pessoas tiravam fotos com ele, Ali mostrava-se mais do que disposto a assumir aquela notória posição de exibido em que ele mordia o lábio inferior e puxava o punho para trás como se fosse dar um golpe atordoante. As pessoas adoravam aquele homem. Dava para ver nos olhos delas.

Décadas antes, a maior parte do país achava que ele era convencido e exibido, mas, em parte por ter cumprido de maneira consistente suas promessas e pela coragem de suas convicções, Ali se tornou uma figura realmente amada, não apenas nos Estados Unidos, mas em todo o mundo. Quem poderá esquecer as Olimpíadas de Atlanta, quando ele acendeu a chama olímpica na abertura dos jogos? Foi um momento inspirador como nenhum de nós jamais tinha visto.

Joe Namath e Muhammad Ali se encaixavam no molde tradicional do exibido no sentido de que eram exuberantes. Para mim, havia sempre algo de brincalhão no jeito abertamente arrogante e exagerado de cada um deles. Havia um brilho em seus olhos que me mostrava que eles só estavam se divertindo. Não havia nada de malvado nem de malicioso neles. Era como se fossem crianças. Eles estavam celebrando a felicidade, a graça e o prazer de serem os melhores no que faziam.

Fico igualmente ou mais impressionado com as figuras do esporte que fazem isso de maneira quieta e sem chamar atenção. Atletas como a estrela do futebol Mia Ilamm, os jogadores de tênis Chris Evert e Martina Navratilova, a lenda do beisebol Cal Ripken, do Baltimore Orioles, a jogadora de golfe profissional Nancy Lopez e os grandes jogadores do futebol americano Steve Largent e Eddie George personificam um estilo de se destacar que tem uma natureza quase elegante.

Ser extraordinário no que você faz e fazer isso de maneira sutil é, para mim, o máximo em ser aparecido. Se você assistir a um jogo de futebol americano profissional hoje, parece que há tanta competição para inventar a comemoração mais chamativa possível do *touchdown* quanto há para fazer o próprio *touchdown*. O que eu adorava em Steve Largent e Eddie George era que, quando marcavam pontos, eles agiam como se não fosse nada de mais. A atitude deles parecia ser: "Esse é meu trabalho. É o que eu faço".

Qualquer que seja seu estilo particular de se destacar, a moral da história é se você faz o trabalho ou não. Para a maioria de nós, não se trata de marcar *touchdowns* ou de acertar a tacada. Trata-se de se assegurar de que o problema do computador será resolvido, que a entrega será feita a tempo ou que a venda será completada. Qualquer que seja a área em que você atua, a felicidade está em realizar o que tem de fazer. A recompensa pode ser encontrada, se não no pagamento que você recebe para o trabalho, no próprio trabalho. Essa é sua escolha.

# 16

# Nós não Vimos Isso

Pode acontecer no trabalho, numa festa ou numa reunião de negócios. Pode acontecer em qualquer lugar. Para algumas pessoas, parece que acontece o tempo todo. Você olha ao seu redor e pensa consigo mesmo: "Eu sou uma fraude. Sou o único aqui que não faz idéia do que está ocorrendo. Todo mundo está tranqüilo e no controle e sabendo de tudo. Estou completamente perdido. Sou uma fraude total e vou ser descoberto".

Certo. Vamos assumir que você não sabe o que está fazendo. Bem, não se preocupe muito com isso porque ninguém mais sabe também. Basta ler o jornal e você vai ver. Diga-me quem sabe o que está fazendo? Os economistas? Bah. Economistas só existem para dar credibilidade aos astrólogos. Líderes políticos? Eles não têm nenhuma idéia melhor do que você e eu temos. Gurus de negócios? A maioria só está chutando.

Aqui está o grande furo de reportagem sobre esse tema: ninguém sabe. Em um grau ou em outro, estamos aprendendo como fazer conforme as coisas vão surgindo. Não deixe isso deter você. Maya Angelou uma vez disse: "Toda vez que escrevo um livro, toda vez que me deparo com aquele bloco de papel amarelo, o desafio é muito grande. Eu escrevi onze livros, mas toda vez penso: 'Oh, não, eles vão descobrir que não sei o que estou fazendo. Eu enganei todo mundo e eles vão descobrir isso'". Aí está uma mulher que é absolutamente brilhante, bem-sucedida e totalmente respeitada, e ela tem as mesmas inseguranças que você e eu.

O truque é descobrir qual é seu lance e ir em frente. Esqueça o que acha que você *deveria* ser. Quem *é* você? Pare de pensar em alguma versão idealizada de outra pessoa. Se você está tentando ser a Madonna ou o Donald Trump ou a Madre Teresa, desista. Isso já foi feito pelos originais. E, além do mais, nós já os vimos. Seja você. Nós não vimos nada igual.

# 17

# A Busca da Felicidade

Vamos pensar na busca da felicidade. Este é um assunto controverso, que sempre mexe com as pessoas. Há uma notável diferença de opinião sobre o valor ou a adequabilidade da felicidade enquanto busca. Henry Drummond disse: "Metade do mundo está na pista errada na busca da felicidade. Eles acham que ela consiste em ter e conseguir e ser servido por outros". No entanto, Albert Einstein costumava dizer o seguinte: "Bem-estar e felicidade nunca soaram para mim como um objetivo absoluto. Sinto-me até inclinado a comparar tais objetivos morais com as ambições de um porco".

Conforme você escolhe de modo pensado suas metas e ambições, eu submeto a Declaração de Independência dos Estados Unidos à sua análise. Os pais fundadores não eram um grupo frívolo. Quando escreveram a Declaração da Independência, eles escolheram cuidadosamente cada palavra. A intenção era que as palavras fossem levadas muito a sério. A segunda seção da declaração diz: "Consideramos estas verdades como evidentes por si mesmas, que todos os homens foram criados iguais, foram dotados pelo Criador de certos direitos inalienáveis, que entre estes estão a vida, a liberdade e a busca da felicidade". Sugiro que você leve "a busca da felicidade" muito a sério. Eles levaram.

Aqui está o ponto principal. A busca da felicidade coloca você no caminho da produtividade máxima. Não se trata de torcida organizada motivacional. Tem a ver com ser esperto, concentrado e pleno de intenção em seu trabalho e em sua vida. Se você está fazendo um trabalho que não o deixa feliz, então provavelmente você não é muito bom nele. Se pessoas trabalhando juntas não fazem felizes umas às outras, então provavelmente não são uma equipe muito eficiente. Se você não está feliz, então tem pouca chance de sucesso.

Comecei minha carreira com venda de imóveis. Era bom em vender, mas não gostava muito. Descobri que era bom em ensinar técnicas de venda para outros, e que gostava disso. Adorava ensinar as pessoas como fazer o que eu conseguia fazer. Isso fez com que me tornasse gerente de vendas, depois gerente-geral e então mudasse para uma companhia bem maior, na qual fui diretor de marketing. Esse caminho me levou por fim a me tornar escritor e consultor de desempenho pessoal. Pronto!

Fui atrás de algo em que eu era bom e que ao mesmo tempo me fazia feliz, e isso me levou – e continua a me levar – ao meu nível mais alto de desempenho pessoal. Eu repito muitas vezes: "Não fique preso fazendo algo em que você é bom". Se isso não o deixa feliz, considere-se avisado: você terá problemas mais à frente.

E quanto à visão mais ampla sobre a felicidade? Ela é a meta definitiva? Deve ser a meta? Ou Einstein estava certo? Você é o equivalente moral de um porco se está tentando ser feliz?

# A Busca da Felicidade 81

Aqui está uma conversa sobre o tema da felicidade:

*Eu não gosto dessa pergunta. "Você está disposto a ser feliz?" Não gosto do que ela insinua.*

O quê?

*Que ser feliz é uma meta valiosa. Parece para mim que ter como meta de vida ser feliz é um tanto superficial.*

Ah. Superficial. Sem significado o suficiente. Não ser profundo o bastante.

*Não seja condescendente. Não é uma questão de ser profundo. É uma questão de não ser egoísta. A vida deve ter a ver com se importar, doar e realizar.*

Deixe-me ver se entendi. Para você, ser feliz significa ser egoísta.

*Não, mas colocar a felicidade como objetivo número um na vida significa ser egoísta.*

O que o faz feliz?

*O que me faz feliz é estar com minha família e tomar conta dela. E fazer uma contribuição para a vida dos outros.*

Lindo. Então sua meta é fazer essas coisas que fazem feliz.

*Porém, e esse é um grande porém, ser feliz é um subproduto do que eu faço. Não é a meta. A meta é ajudar pessoas.*

Devo admitir, soa mais nobre desse jeito.

*Você está sendo sarcástico. Isso o deixa feliz?*

Boa pergunta. Na verdade, ser sarcástico, algo que eu tenho sido demais na minha vida, faz com que eu me sinta um idiota. O que me faz feliz é reconhecer quando estou sendo sarcástico e me esforçar para não ser tão sarcástico. Peço desculpas.

*Desculpas aceitas. Mas estamos divagando.*

Não. Pelo contrário. Essa é toda a questão da felicidade. Essas são as coisas que me dão alegria: um sentimento de calor; uma sensação de realização, contentamento ou vitória sobre as forças do mal; ou o que quer que seja. Não importa a atividade – como me desculpar de maneira sincera quando faço algo ofensivo –, o fator comum entre todas as coisas boas que faço é que sou feliz por fazê-las.

*Então você acha que nós só discordamos na semântica?*

Em parte. Com certeza eu posso concordar que as pessoas são motivadas por coisas diferentes. Tenho certeza de que existem muitas pessoas que acham mais eficiente se concentrar no ato, quer seja ajudar pessoas ou tomar um sorvete, do que no sentimento resultante.

*Vamos voltar à questão da perspectiva. Não é inerentemente melhor se concentrar no ato de doar do que se concentrar na felicidade que o ato traz ao doador?*

Inerentemente melhor? Para ser honesto, não tenho resposta para isso. De acordo com quem? A sociedade? Seus amigos? Aqui está o que acho: a felicidade ganhou uma má reputação. Lembro das vezes em que pessoas, talvez só para puxar assunto, fizeram a pergunta "Qual é seu objetivo de vida?" ou "Qual é a razão de sua existência?". A resposta popular, isto é, aquela que eu ouvi ser usada com mais freqüência, normalmente é algo como "fazer a diferença", "ajudar os outros" ou "fazer do mundo um lugar melhor". É muito mais aceitável para as pessoas responderem à pergunta "Qual é seu objetivo?" como se fossem competidores num concurso de miss. Dizer algo nobre. Então eu entro na conversa com o meu "Ser feliz" e normalmente o que ocorre é um silêncio cheio de

# A Busca da Felicidade

surpresa e constrangimento seguido por alguém dizendo algo como "Bem, com certeza tem mais coisas do que isso na vida", ou "Parece para mim que com certeza estamos aqui para realizar algo mais do que se divertir".

*Certo. Você me deu algo em que pensar. Não acho que concordo com você, mas vou pensar a esse respeito.*

Um amigo meu foi convidado para dar um sermão em sua igreja e por isso perguntou qual seria minha resposta à pergunta "Qual é seu propósito aqui na Terra?". Porém, ele ficou claramente desapontado com minha resposta "Ser feliz". Acho que ele queria algo mais dignificante. Veja o que Joseph Fort Newton tinha para dizer sobre a felicidade: "Ser feliz é fácil o suficiente se nós nos doarmos, perdoarmos os outros e vivermos com agradecimento. Nenhuma pessoa egocêntrica, nenhuma alma ingrata pode algum dia ser feliz. A vida é dar, não receber".

Algumas pessoas imediatamente acham que ser feliz significa levar uma vida de permissividade, falta de propósito, de certo modo uma vida de atividade destrutiva. É estranho para mim que alguém chegue a essa conclusão. A maioria das pessoas que conheci que levam uma vida de permissividade e atividade sem propósito e superficial na verdade não são nem um pouco felizes. O filósofo Wu Wei Wu disse: "Por que você não está feliz? É porque noventa e nove por cento das coisas que você faz, pensa e diz são para você mesmo".

As pessoas mais felizes que conheço são boas, atenciosas e maravilhosas. As melhores pessoas que conheço – os aparecidos autênticos, aqueles que realmente dão uma contribuição – são em geral muito felizes. Elas querem coisas boas na vida não só para si mesmas, mas para os outros. Eles doam bastante. Boas pessoas. Realizadas. Felizes.

Aprenda. A vida em geral funciona muito bem. Um estado de infelicidade perpétua é provavelmente um sinal de que você está fazendo algumas escolhas que estão estragando a ordem natural das coisas. Um estado de martírio, isto é, a dor que vem de se sacrificar e doar até doer, é besteira. Se alguém sente pena de si mesmo por doar tanto, então está doando com ressentimento e apego. Isso estraga o presente. Não se trata de doar até doer. Trata-se de doar até se sentir bem.

Minha experiência é que pessoas realmente generosas são pessoas realmente felizes. E nunca pense que ter problemas significa que você tem de ser infeliz. Problemas são parte da ordem natural das coisas. É claro, não me refiro a pessoas que estão lidando com circunstâncias trágicas. Este é outro assunto. Estou falando sobre a maioria de nós que tem de lidar com a dor e a luta de viver todos os dias num mundo imperfeito.

Toda pessoa feliz que eu conheço tem dias ruins. Há dias em que você está deprimido, para baixo, ou está na fossa, tudo coisa que pode acontecer (e acontece) no contexto de uma vida feliz. Numa vida feliz há momentos de luto, desespero e raiva – toda a amplitude de emoções humanas. Para mim, uma vida feliz significa uma vida completa. Tudo dela. Tanto as partes dolorosas como as felizes.

A vida encontra seu propósito e realização na expansão da felicidade.

— Maharishi Mahesh Yogi

# 18

# O Inimigo do Sucesso Futuro

Talvez sua vida tenha corrido muito bem até este ponto. Você se esforçou em sua carreira e tudo tem estado em ordem. Mas você quer mais. Quer levar seu trabalho, negócio ou algum outro aspecto da sua vida para o próximo nível. Porém não consegue enxergar nenhum impulso que o leve para cima.

Aqui está seu obstáculo: se você foi bem-sucedido, então você sabe o que costumava funcionar. A palavra-chave é "costumava" funcionar. Pretérito. Já foi. Já era mesmo. Obsoleto. Antiquado. Inútil. Bloqueando o caminho.

O sucesso passado é provavelmente o obstáculo mais desafiador para sua capacidade de deslocar sua vida para o próximo nível. Você foi bem-sucedido fazendo as coisas de um certo jeito. Por que deveria abandonar o que funcionou até agora? Porque sucessos passados podem ser, e com freqüência são, inimigos dos sucessos futuros.

## 86 Como se destacar em seu ambiente de trabalho

Meu negócio tem sido bem-sucedido. Eu sou mais do que abençoado. Sou bom no que faço. Mas para levar meu negócio para o próximo nível de sucesso e realização, tenho de abandonar aquilo que me trouxe até este ponto. Dizem que o sucesso torna obsoletos os próprios comportamentos que os criaram. O sucesso cria uma nova realidade e com ela um novo conjunto de regras e desafios.

Odeio ouvir isso. Odeio porque isso significa que tenho de pensar em abandonar algo em que sou bom, com que me sinto à vontade e estou acostumado. Isso significa que tenho de mudar, apesar de as coisas não estarem realmente ruins como estão. Odeio isso. Então começo a dizer a mim mesmo o quão bom eu sou no que faço. Dominei os mercados nos quais atuo, e por que diabos eu deveria mudar o que funciona?

Nos dias em que me vejo sendo um pouco arrogante demais, sempre tento lembrar esta simples verdade: eu não posso competir e vencer em mercados que *não existem mais*. Eles já eram. Acabaram. Hoje é um novo dia com novas regras e novas realidades, e eu tenho de descobrir como vencer hoje, não ontem.

Seu maior desafio não é aprender algo novo, é desaprender boa parte do que já sabe. Dee Hock, o fundador da Visa, diz: "O problema nunca é como conseguir ter pensamentos novos e inovadores na sua mente, mas como tirar os pensamentos velhos dela". Uma das melhores maneiras de limpar sua mente é passar tanto tempo quanto possível com pessoas que vêem o mundo de maneira diferente da sua. Se todo mundo com quem você anda é igual a você, seu cérebro só está processando as mesmas idéias repetidas vezes. Você pode precisar de um novo filtro. Consiga novos amigos que tenham um jeito diferente de encarar a vida.

# O Inimigo do Sucesso Futuro 87

Não pense que estou dizendo que você deve jogar fora tudo em que acredita. A maioria de nós forma um conjunto de valores que achamos que irá nos servir bem por toda a vida. Para mim, esses valores incluem coisas como encontrar uma maneira de criar vencedores em vez de perdedores, tratar pessoas com gentileza e respeito, buscar sucessos de longo prazo em vez de recompensas imediatas e me esforçar para sempre em fazer a coisa certa. Não sou necessariamente bem-sucedido com esses valores o tempo todo, mas sei que eles funcionam.

Valores fundamentais não ocupam o espaço de que preciso para abrigar novas idéias para um sucesso futuro. Eles são a fundação sobre a qual esse sucesso será construído. O que toma espaço são maneiras de se fazer negócios e de viver minha vida que ainda parecem funcionar, mas que constituem as coisas que estão me impedindo de chegar ao próximo nível de desempenho.

Qual era o velho ditado? Que insanidade é fazer a mesma coisa inúmeras vezes e esperar um resultado diferente. Qual é sua insanidade específica? Que coisas você está fazendo que sabe ser preciso abandonar a fim de seguir em frente? Mesmo que possa identificar isso, é difícil abandonar, não é? É porque você é bom nisso. É cômodo.

Seja forte. Olhe para tudo que funcionou para você até o momento e então reúna a coragem necessária para abandonar qualquer que seja a parte que está segurando você. Você sabe qual é. Só falta fazer isso.

# 19

# O que Pensam de Mim não é da Minha Conta

Passei tempo demais da minha vida tentando fazer as pessoas gostarem de mim, me aprovarem e me aceitarem. É ridículo. É um desperdício estúpido de tempo. É até pior do que um desperdício de tempo; é algo perigosamente contraproducente. A verdade é que as outras pessoas estão ocupadas demais pensando em si mesmas para prestar muita atenção em mim seja de que maneira for. A verdade é que, se eu gastar meu tempo tentando fazer todas as outras pessoas felizes, então vou ser emocionalmente vazio e nem um pouco divertido para andarem em minha companhia. A verdade é que, se eu fizer tudo para você gostar de mim, provavelmente vou olhar no espelho e perceber que nem eu me agüento por causa do bebê chorão que me tornei.

## 90 Como se destacar em seu ambiente de trabalho

O que pensam de mim não é da minha conta. Isso não significa que devo ser rude ou indiferente. Ao contrário. Descobri que as pessoas mais gentis, mais generosas e mais fáceis de conviver são aquelas que sabem quem são, mostram-se confiantes em si mesmas do jeito que são e podem encarar o mundo com amor e braços abertos porque não estão fazendo joguinhos para conquistar minha aprovação. Elas deixaram de lado minha aprovação e deram a si mesmas seu próprio selo de aprovação.

Pense nas pessoas com quem você sabe que é um prazer estar junto. Elas são as que estão constantemente falando sobre si mesmas e tentando impressionar você com suas grandes realizações? São as que vão mudar de opinião para se adequar às pessoas com quem estejam? São as que dizem o que acham que você quer ouvir? Não. Essas pessoas são em geral irritantes, quando não um total incômodo.

As pessoas com quem temos realmente prazer de conviver são aquelas que deixaram de se importar com o que os outros pensam delas. Elas são agradáveis porque gostam de si mesmas. Não se mostram arrogantes, e sim seguras de si. Podem dar amor aos outros porque têm um amor-próprio saudável. Você as respeita porque sabe qual é a posição delas. São pessoas que pararam de se preocupar se estão ou não fazendo você feliz com tudo que elas dizem ou fazem. Tratam de realizar o que as faz se sentir bem com elas mesmas. Não de uma maneira egoísta, mas de uma maneira que decorre de valores muito mais importantes do que ser popular.

É uma das idéias mais ilógicas que existem, mas é verdade. As pessoas mais amorosas no mundo não se preocupam com o que você pensa delas. Elas se preocupam com você. Há uma diferença.

# 20

# O que Quer que Aconteça É Normal

Nada é bom ou ruim senão pelo pensamento que assim o torna.

– William Shakespeare

Qual é a diferença entre a pessoa que lida com o inesperado com facilidade e elegância e a pessoa que fica muito perturbada em situações inesperadas? É o Fator Normal. A pessoa que lida com o inesperado decidiu que seja o que for que a aconteça é normal – mas não necessariamente aceitável. Algumas vezes acontecem coisas terríveis. Algumas vezes essas coisas são seriamente terríveis, como tornados destrutivos, doenças potencialmente fatais ou acidentes de carro. Algumas vezes elas são apenas irritantes, como pisar num chiclete no cinema. Todas são terríveis num grau ou noutro – completamente inaceitáveis –, mas normais porque são parte da vida.

Nós temos de aprender a aceitar a vida nos seus próprios termos. As coisas não são como deveriam ser. São do jeito que são. A maneira como se lida com isso faz a diferença. Se você aceitar até as coisas ruins como normais, vai estar bem mais preparado e equipado para lidar com elas, minimizar os danos, corrigir o problema ou criar oportunidades a partir de um problema! Se você tem uma definição muito limitada do que é normal, é bem mais provável que erga as mãos para o céu em desespero quando acontecem coisas que não o "satisfaçam".

Uma das melhores maneiras de observar o conceito "o que quer que aconteça é normal" em ação é prestar atenção nas pessoas quando elas viajam. As pessoas costumam deixar muito de sua doidice brilhar quando encaram os desafios cotidianos de viagens no mundo de hoje.

Peguei um avião para Chicago, Illinois, em janeiro. A previsão do tempo não disse que haveria neve, mas quando chegamos ao aeroporto O'Hare para o pouso, tinha neve. E bastante. Voando na inesperada nevasca, ouvi comentários dos que estavam sentados a minha volta:

"Meu Deus! Olha esta neve!/Olhem isso! Quem podia esperar??!"

"Minha nossa! Está nevando! Isso estraga tudo!"

"Neve! Eu não acredito! Neve! Que droga!"

A cabine do avião estava cheia de pontos de exclamação.

Fiquei pensando: "Como é? O problema sou eu? Estamos em CHICAGO!!! É JANEIRO!!! DÃÃÃ!!!". Neve em Chicago em janeiro é normal. Eu me espanto com a idéia de que pessoas possam deixar a neve... em Chicago... em janeiro... abalá-las completamente.

O que Quer que Aconteça É Normal 93

Mudando de exemplo. De Chicago para uma viagem de férias que fiz anos atrás. Um cruzeiro no Mediterrâneo. Toda noite um casal em particular reclamava de algo. Qualquer coisa. Tudo. Você podia contar com esse casal (os Reclamões, como nós todos viemos a chamá-los) para encontrar algo nas atividades daquele dia que os fazia infelizes.

O dia final da viagem do cruzeiro foi uma adorável excursão no norte da África. Nós estávamos em Túnis, Tunísia, andando num ônibus que tecnicamente tinha ar-condicionado, mas estava quente. Bem quente. Todo mundo estava passando calor e suando, mas se divertindo porque estávamos dirigindo no meio do deserto e passando por sujeitos que andavam em camelos, e era uma sensação boa e apropriada suar. Parecia combinar com a situação de certa forma. Era uma boa situação suada.

Aquela noite, na sala de reuniões do navio, os Reclamões falaram ao responsável pelo cruzeiro sobre como estavam infelizes e exigiram um reembolso porque o ônibus estava quente demais, na casa deles eles tinham ar-condicionado e as pessoas não deviam ter de ficar desconfortáveis com o calor, e assim por diante. O responsável pelo cruzeiro agüentou o quanto pôde e por fim disse: "Permitam que eu lhes dê uma pequena dica de viagem. Se vocês querem que as coisas sejam do jeito que são em casa... FIQUEM NA DROGA DA CASA DE VOCÊS! AQUI É A ÁFRICA!!!". Todos os outros passageiros começaram a gritar: "Ao mar!! Joguem-nos ao mar!!!". A África é quente. Calor na África é normal. Se você não quer passar calor, não vá para a África.

Da próxima vez que você estiver num aeroporto e os vôos atrasarem ou forem cancelados, não perca a oportunidade de assistir e aprender. Você está num incrível laboratório humano para a observação de pessoas e de suas reações ao inesperado. Fique de olho em busca das Vítimas. As Vítimas são as pessoas que estão convencidas de que o mundo quer atingi-las. Que todo mundo está tramando contra elas e só pensa em fazê-las se sentirem péssimas. Que tipo de ego inflado é preciso ter para acreditar em algo assim?

O que as Vítimas não reconhecem é que a coisa não é com elas. Quero dizer, acorde. As companhias de aviação não querem prejudicar essas pessoas. Mas a Vítima irá chorar, gritar e reclamar: "Pobre de mim. Meu vôo foi cancelado e o mundo é um lugar horrível. Que injusto. Buá, buá, buá".

Poupe-me. Vôos são cancelados todos os dias. É normal. É inconveniente, frustrante e até irritante, mas também é normal.

*"Com licença, eu estou num aeroporto. Os vôos alguma vez são cancelados aqui?"*

"Para dizer a verdade, eles são, sim!"

*"Ah. Bom. Então estou no planeta certo."*

Depois tem o Cara Durão (homem ou mulher). Caras Durões não são intimidados. Se há um furacão causado por monções que faz com que o vôo seja cancelado, eles agem. Anotam nomes. Ameaçam fazer com que pessoas sejam demitidas. Fazem todo tipo de coisas idiotas, ineficientes e irracionais para provar que estão fulos da vida e não vão levar desaforo para casa.

O problema é que os Caras Durões tentam resolver na marra qualquer situação que não os agrade. Na maioria das vezes, neste planeta, usar de intimidação e força é um jeito estúpido e contraproducente de tentar conseguir o que você quer. Tem efeito reverso. Usar de intimidação convida à resistência.

Então você está preso no aeroporto. Você tem que esperar por horas. Acontece. É normal. E, ao decidir que isso é normal, você não perde o controle. Estuda outras opções. O que vai fazer? O que pode fazer? Hum... Vamos pensar e ver o que podemos fazer para minimizar os danos, tornar uma situação ruim

O que Quer que Aconteça É Normal 95

suportável, tornar uma situação ruim muito boa ou até mesmo criar uma oportunidade.

Você pode telefonar para casa, dar uma volta e fazer um pouco de exercício, relaxar e dormir um pouco, comprar algo interessante, observar as pessoas e curtir o show, pegar algo para comer, tomar uma cerveja, fazer novos amigos, ler um romance barato, ler algo sério e ficar mais esperto, fazer seu relatório de despesas, adiantar algum serviço, escrever alguns e-mails, assistir a um DVD em seu computador, ouvir Rebecca Folsom em seu iPod ou escrever um livro (este foi parcialmente escrito em aeroportos, acredite) – a lista é infindável. A questão é que qualquer uma dessas opções é melhor do que ser o Reclamão, a Vítima ou o Cara Durão. Isso não é cirurgia do cérebro. Bem, talvez de certa forma, seja. Faça boas escolhas. Porque algumas pessoas, incluindo eu, acham tão difícil entender isso?

> A mente tem um lugar próprio,
> com um céu do inferno
> ou um inferno de céu.
>
> — John Milton

# 21

# Adivinhe o que Eu Quero e Outros Jogos Psicológicos Bobos

Eis aqui um jogo divertido para jogar com seu colega de trabalho. Para se divertir ainda mais, jogue com o cônjuge ou cara-metade. É chamado de "Adivinhe o que eu quero". A propósito, exibidos nunca jogam esse jogo.

Adivinhe o que eu quero. Eu não vou dizer para você. Seria fácil demais. Vai ter que adivinhar. Se você não me der o que eu quero, eu vou ficar ressentido e jogar outro jogo com você. É um jogo chamado "Nada está errado". Eu vou ficar de cara feia, gemer e fazer muitas outras coisas para que você e todo mundo ao meu redor se sintam péssimos. Você me pergunta o que está errado e eu digo: "Nada está errado". Você tem de adivinhar o que está errado.

98  Como se destacar em seu ambiente de trabalho

É claro, o que está errado é basicamente que você não me deu o que eu queria. Porque eu não quis dizer o que eu queria. Isso não é divertido?

Esses jogos são como uma velha história chamada de Paradoxo de Abilene. É uma história de uma grande família que se amontoa num carro num dia escaldante para ir até Abilene tomar sorvete. Ninguém quer ir, mas todo mundo pressupõe que todos os outros querem. Então, no interesse de ser legal e não criar problemas, eles todos fazem o que nenhum realmente quer fazer. Infelizmente, isso acontece na vida real com extrema freqüência. Nós fazemos coisas que não queremos fazer porque achamos que os outros querem fazer e temos medo de tomar uma posição em relação a algo potencialmente tão explosivo quanto ir tomar um sorvete. Minha nossa!

Anos atrás, eu estava num show de rock com três amigos. O show era horrível. Eu estava mais do que entediado, me sentindo péssimo. Num ato de grande coragem, reuni toda minha vontade e força e disse: "Eu não estou me divertindo. Vocês estão?". Todos os três disseram: "Não. Vamos embora daqui".

Nós caímos fora. Fomos para o Bluebird Café e ouvimos uma apresentação fora de série de Dave Olney and the X-Rays. Foi fabuloso, nós nos divertimos bastante e teríamos todos perdido a apresentação se ninguém tivesse tido a coragem de dizer: "Eu não estou me divertindo. Vocês estão?".

Existe um curso em Nashville de *outdoor training* chamado Adventureworks. É uma série de obstáculos e exercícios que você tem de enfrentar com outros para aprender sobre trabalho em equipe e comunicação. Uma maravilhosa mulher chamada Sue Willar era minha parceira num obstáculo chamado Tonto Selvagem. Cada um de nós tinha de ficar de pé sobre cabos finos, um de frente para o outro, enquanto nos inclinávamos para diante numa tentativa precária de manter o equilíbrio e andar pelo cabo todo sem cair. A chave para conquistar o obstáculo era manter o equilíbrio com o parceiro.

Você logo descobre que para atravessar o Tonto Selvagem vai gritar coisas para seu parceiro como: "Dê para mim!!! Puxe mais forte!!! Coloque seu peso sobre mim!!!". Pode soar muito excitante algumas vezes, mas você está apenas tentando manter o equilíbrio e não cair. Para fazer isso de maneira bem-sucedida, você tem de se apoiar completamente na outra pessoa e em especial tem de comunicar o que precisa que seu parceiro faça.

"Dê para mim." Bingo. Diga-me o que você quer. Não guarde segredo. Se eu sou incapaz de dar a você o que você quer, bem, nós vamos lidar com isso. Mas não seja desonesto nem se recuse a me dizer a verdade sobre o que você quer. Não é justo e não funciona para nenhum de nós. É mau negócio, e é um jeito ridículo de se viver.

# 22

# Eu Disse que Não Sei

Aqui está um teste: O que vai acontecer em seguida? Como Mark Twain afirmou: "Eu estava satisfeito de poder responder com prontidão. Eu disse que não sei". Boa resposta. Se você quer tirar o chão de baixo dos pés do bem-estar de alguém, apenas mande um pouco de incerteza na direção dessa pessoa. Nós odiamos não saber o que vai acontecer. Sabe de uma coisa? Você *não* sabe o que vai acontecer. Ninguém sabe. Essa informação não está disponível. A questão é: você consegue ficar bem? Essa é a chave para seguir em frente, em vez de ficar paralisado pela incerteza. Temos de ser capazes de abraçar o desconhecido.

Pense nas pessoas com quem você trabalha. Quem é aquele que, quando se depara com uma surpresa, uma mudança de planos ou algo inesperado, ergue as mãos para o céu e começa com o seu clássico discurso "ai de mim"?. "Puxa, isso é uma maravilha", ele dirá. "Como eles esperam que eu faça meu trabalho se não param de mudar as regras? Como posso esperar

102 Como se destacar em seu ambiente de trabalho

atingir minhas metas quando vivem puxando meu tapete? Quando alguém vai tomar uma decisão e escolher de uma vez por todas o que vamos fazer e como devemos fazer?"

Nunca. Nunca vai haver uma maneira de se fazer as coisas, e "eles" nunca irão se decidir porque o mercado, os clientes, a tecnologia, a competição e o mundo mudam todos os dias. Você não cria estabilidade por não mudar o que está fazendo. Você cria estabilidade sendo capaz de manter seus valores ao mesmo tempo em que se modifica constantemente para satisfazer as necessidades de hoje, não de ontem.

Pense, no entanto, numa pessoa com quem você trabalha que se torna o perfeito aparecido quando se defronta com mudanças. Ela acrescenta as novas mudanças aos dez projetos com que já está lidando e diz: "É só isso? Isso é tudo que você tem para mim hoje? Então dê licença que eu tenho o que fazer". Quanto essa pessoa vale para a equipe?

Aí está o truque. Não se trata de saber o que vai acontecer. Trata-se de ficar bem sabendo que você vai conseguir lidar com o que aconteça em seguida, seja o que for. Essa é a natureza da vida no mundo de hoje. Nós conseguíamos o futuro de maneira muito mais precisa do que temos condições de prever hoje. O problema não é só o fato de as mudanças que encaramos serem tão dramáticas; é que elas chegam até nós muito rápido e com muito pouco aviso.

Antigamente o jeito de se ser bem-sucedido era fazer a escolha certa. Para se ter sucesso hoje é preciso fazer a escolha certa e então fazer a próxima escolha certa suficientemente rápido. Não importa o que esteja acontecendo no seu mundo neste instante, esteja pronto para realizar mudanças. Você pode achar que entende a situação, mas a situação acabou de mudar. Se você não pode ter um bom desempenho sob essas circunstâncias, então não tem lugar para ir. No mundo de hoje, se não gosta do desconhecido, você é um peixe que não gosta de água.

# 23

# O Círculo de Ouro da Ignorância

Quando iniciamos um trabalho, um casamento, a criação dos filhos ou qualquer outra empreitada, nós o fazemos no topo do Círculo de Ouro da Ignorância. Nós estamos bem centrados na Ignorância. Isso simplesmente significa que ainda não sabemos o que estamos fazendo. Não somos estúpidos, mas somos ignorantes. Não temos idéia alguma do que está acontecendo. Conforme ganhamos experiência, vamos descendo no Círculo de Ouro da Ignorância até chegar ao fundo, onde então alcançamos a posição de Especialista. Temos três metros de altura e somos à prova de balas. Ninguém pode nos dizer nada porque sabemos tudo. Estivemos nessa situação uma quantidade de vezes suficiente para dominar essa coisa. Somos invencíveis.

Então o chão some debaixo de nossos pés algumas vezes e começamos a aprender. Começamos a nos mover para o outro lado do Círculo de Ouro da Ignorância até voltarmos para onde começamos, bem na Ignorância. Mas desta vez é uma versão

104 Como se destacar em seu ambiente de trabalho

bem autoconsciente e construtiva da Ignorância. Nossa atitude é que não importa quanta experiência tenhamos ou quanto achamos que sabemos, queremos saber mais. Somos abertos a novas maneiras de fazer tudo. Temos sede de aprender. A maior lição da experiência é que há sempre mais para se aprender. Se você conseguir retornar a este ponto, então a ignorância realmente valerá ouro.

Imagine o que você poderia aprender se já não soubesse. Hein? Eis o que eu quero dizer com isso. Somos incrivelmente limitados pelo que achamos que já sabemos. Se você quer vivenciar uma libertação intelectual, criativa e espiritual verdadeira, abandone as noções preconcebidas, os estereótipos, preconceitos e fatos supostos que na verdade não são fatos. São apenas suposições.

É difícil abandonar o que você acha que sabe. Mas a recompensa é incrível. Abandone o que você pensa que sabe e automaticamente vai ver o mundo com novos olhos. Você vai ficar instantaneamente mais criativo e mais capaz de solucionar problemas. Deixar para trás noções preconcebidas pode produzir um novo entusiasmo por tudo na vida. Se antes você não se importava com algo, agora terá de reavaliar a possibilidade de que, no final das contas, talvez você goste daquilo.

Você nunca come lula porque sabe que não gosta. Você sabe disso, apesar do fato de nunca ter experimentado. Quem sabe? Uma mordida pode ser tudo que é necessário para criar um desejo constante por lula em todas as refeições. E se essa única mordida confirmar o que você pensava que sabia (que você não gosta de lula), então você teve a experiência para tomar uma decisão baseada em algo real em vez de algo imaginado.

Abandone a idéia de que você não gosta de algo antes mesmo de tê-lo experimentado. Isso deve incluir aquelas coisas que você rejeitou por causa de uma experiência que teve anos atrás.

O Círculo de Ouro da Ignorância 105

Você pode estar perdendo a melhor coisa do mundo e nem saber. É simples. Experimente de novo.

Se você não gosta de jazz, então vá para um bar de jazz. Minha esposa não gostava muito de jazz até ter ouvido o Foreplay tocar no Blue Note, em Nova York. Ouvir e ver jazz apresentado ao vivo mudou completamente sua percepção. Quando a maioria das pessoas diz "De jeito nenhum", os aparecidos costumam dizer "Por que não?".

Qual é a pior coisa que pode acontecer? Você pode confirmar que realmente não gosta do que achava que não gostava. Certo. Bravo. Vitória. Ao menos você está tomando decisões e fazendo escolhas com base em informações atualizadas. O caso é que as coisas mudam. Você muda. Você não quer descobrir o que mudou em você? Não está nem curioso?

James Weinberg é meu contador. E, mais importante, ele é meu amigo. Um motivo pelo qual valorizo a amizade de James é que ele me faz pensar. Com freqüência ele interpreta o mundo a partir de uma perspectiva completamente diferente da minha. Acho suas opiniões estimulantes, em especial quando discordamos. Se me descubro sentindo-me intelectualmente trivial ou mesmo se estou tentando desenvolver minha opinião sobre um assunto específico, com freqüência procuro James.

Percebi que para ter confiança nas minhas opiniões é extremamente útil apresentá-las para pessoas com quem costumo discordar. Ou ao menos pessoas que, como James, irão desafiar meu raciocínio e me ajudar a formular idéias que tenham sentido e sejam baseadas em algo mais do que uma reação automática a uma questão ou situação.

Aqui está uma boa regra para viver. Se você não mudou sua opinião em relação a uma questão significativa nos últimos anos, talvez você queira marcar uma consulta com o médico para um *check-up*. É possível que você tenha sofrido uma morte cerebral. Eu acho fascinante que a maioria das pessoas pareça se sentir ameaçada por novas idéias. Novas idéias não me assustam. Eu as adoro. Posso acabar discordando delas, mas eu as adoro. O que me assusta é o pensamento de que eu possa me tornar tão apegado às minhas velhas idéias a ponto de parar de pensar. Se isso acontecer, pode me pegar e dar um tiro. A vida sem raciocínio não vale a pena.

Você não tem que escolher entre ter fortes crenças íntimas e ser aberto a pontos de vista diferentes. Na verdade, quanto mais fortes meus valores e crenças íntimas, menos eu me sinto ameaçado por pontos de vista diferentes. Sei quem sou, portanto estou ansioso por ouvir pessoas que discordem de mim e conversar com elas. Não há ameaça. E posso aprender algo. Uma das minhas experiências favoritas é ouvir alguém que tem uma visão de mundo completamente diferente da minha e ter uma experiência cem por cento energizante de "Puxa. Nunca pensei nisso dessa forma". Se posso deixar de defender minha opinião arraigada por tempo suficiente para ouvir outro ponto de vista, é bem possível que acabe aprendendo algo.

Thomas Jefferson disse: "Eu tolero com a mais extrema aceitação o direito de outros discordarem de mim em termos de opinião". Tenho amigos que são liberais em suas visões políticas que nem em um milhão de anos ouviram alguém como Rush Limbaugh, um radialista conservador. Conheço devotos de Rush Limbaugh que nunca na vida ousariam ler um livro escrito por um liberal. Mesmo assim essas mesmas pessoas com freqüência vão comentar de maneira infindável e com grande autoridade quanto o outro lado está errado. É cômico porque elas literalmente não sabem do que estão falando.

Como você pode afirmar que está respondendo de maneira inteligente a alguém cujas idéias nunca ouviu ou leu? Talvez

## O Círculo de Ouro da Ignorância 107

seja minha experiência como debatedor no segundo grau e na faculdade que me deixa aberto a ouvir o outro lado.[1] Em competições de debate, você adota um lado da questão e então, na rodada seguinte, adota o outro lado. Você precisa aprender a ver e defender ambos os lados para ser eficiente. Esse tipo de treinamento não faz com que você seja indeciso em suas opiniões. Pelo contrário, isso lhe dá força no que acredita porque você examinou a questão de todos os lados.

Mesmo que você não tenha vontade de aprender a partir de outros pontos de vista, não seria bom ao menos saber contra o que você está lutando? Como pode pensar ou falar com discernimento sobre o mundo se você se recusa até a olhar para metade dele? Mentes pequenas têm um medo mortal de ser expostas a coisas com as quais acham que discordam. Elas não conseguem abandonar sua relutância em ouvir o outro lado porque, bem no fundo, elas têm muito medo de descobrir que podem mudar de idéia ainda que seja um pouco.

Quanto mais aprendo com outros pontos de vista, mais consigo construir uma base forte para meu raciocínio porque tenho mais informações com as quais trabalhar. Se eu sou um conservador e discordo com veemência de, por exemplo, um escritor liberal sobre questões do sistema de saúde, vai ser porque li seu livro sobre o sistema de saúde e discordei dele. Não vai ser porque um *expert* político conservador me disse para discordar dele.

O mesmo vale na direção oposta. Se acho que um candidato a presidente conservador é um idiota, é porque eu ouvi o que ele tinha para dizer e achei estúpido, não porque algum colunista liberal de jornal me disse o que pensar.

---

[1] Debate faz parte da grade curricular opcional do colegial e faculdade. (N. do T.)

Dizem que apenas idiotas e mortos não mudam de idéia. Tente abandonar o que você acha que sabe. Pense por si mesmo. Leia o outro lado. Chegue a suas conclusões a partir de conhecimento e experiência, não de suposições. Aspire chegar à posição no alto do Círculo de Ouro da Ignorância. Aparecidos são curiosos. Aparecidos sempre querem aprender mais.

# 24

# O que Você Tem Feito para Mim em Seguida?

A grande pergunta nos negócios costumava ser "O que você tem feito por mim ultimamente?" Hoje nós não estamos mais tão interessados no que aconteceu "ultimamente". Hoje, estamos interessados no que acontece em seguida. Nós realmente nos tornamos uma sociedade do "Eu quero isso para ontem" e não temos nenhuma paciência para o que julgamos ser desnecessário esperar. Se você me fizer esperar, você perde.

Então você me retorna amanhã? Ótimo. Isso me dá um bom tempo para encontrar outra pessoa com que possa fazer negócio porque você está despedido. Acredite ou não, eu ainda encontro pessoas que têm um enorme orgulho, daqueles de estufar o peito, da sua política de retornar ligações dentro de 24 horas. Acordem para a vida no novo milênio, rapazes. É o século XXI, não o XIX. Enquanto você está olhando para seu calendá-

110    Como se destacar em seu ambiente de trabalho

rio tentando encontrar o tempo para fornecer uma resposta a seus clientes, eles estão olhando para seus relógios.

Tenho sido uma pessoa de resposta rápida há tanto tempo que isso se inseriu no meu DNA. É provavelmente a versão mais simples de se destacar que conheço, e a recompensa é incrível. Minha regra prática é que tudo que envolve contato humano deve ser feito o mais rápido possível. Isso inclui retornar ligações, responder a e-mails, confirmar ou não presença em resposta a convites, mandar cartas de agradecimento ou qualquer outra coisa que faça um ser humano vivo e respirando dizer: "Puxa. Esse cara é bom".

Sou um fã da NetFlix, a empresa de locação de filmes que envia DVDs por correio. Aqui está uma coisa que me impressiona sobre a NetFlix. Eu recebo um DVD, assisto e então coloco no correio para ser devolvido. No dia seguinte, recebo um e-mail da NetFlix dizendo que eles receberam o DVD e que o próximo da minha lista está sendo enviado para mim imediatamente. No dia seguinte, recebi o novo DVD. Como a NetFlix faz o serviço postal dos Estados Unidos funcionar com a velocidade de um raio? Qual é o código secreto? Fico impressionado com a velocidade e a eficiência com que essa companhia funciona. Eles são aparecidos totais.

Em negócios, ser conhecido por uma resposta rápida pode fazer maravilhas para sua reputação. Em contraste, se você fizer as pessoas esperarem, terá cometido um pecado imperdoável num mundo que quer tudo para ontem. Pense em sua reação quanto a esperar. Nós odiamos esperar. Nós nos sentimos menosprezados e usados quando nos fazem esperar. Nós despedimos empresas que nos fazem esperar e falamos mal delas para todo mundo que conhecemos.

Se você está numa situação além do seu controle que o obriga a fazer alguém esperar, então o mínimo que você pode fazer

O que Você Tem Feito para Mim em Seguida? **111**

é reconhecer isso. Eu envio e-mails curtos explicando que estou completamente ocupado no momento, mas que irei mandar um e-mail mais completo tão logo seja humanamente possível. Simplesmente reconheço a outra pessoa. Isso não faz nada além de gerar pontos para mim com as pessoas com que faço negócios. A mesma coisa serve para telefonemas. Respondo a ligação e digo: "Olha, estou numa reunião e não posso falar no momento, mas vamos terminar mais tarde e então eu ligo para você". É mágico. Mal posso enfatizar suficientemente a força para o desenvolvimento dos negócios ou da carreira que é ter pessoas falando com freqüência para você: "Puxa. Fiquei muito agradecido por você ter me respondido tão prontamente".

Nem vamos entrar na questão de quebrar promessas baseadas em tempo. Uma coisa é atrasar sua resposta, entrega ou o que quer que seja, mas se você disse que ia estar pronto na segunda-feira e na quarta-feira ainda estou esperando, então azar seu. Se há um atraso, então me conte. Apenas me diga o que está acontecendo, e existe uma grande chance de que tudo seja perdoado.

Num nível pessoal, provavelmente não há nada mais desrespeitoso do que estar atrasado de maneira crônica ou fazer as pessoas esperarem. A mensagem que você transmite é: "Seu tempo não significa nada para mim. Seu tempo não vale nada. Portanto, você não vale nada". Alguém estar cronicamente atrasado é algo que sou incapaz de entender. Simplesmente não entendo. Posso entender que uma pessoa fique presa no tráfego uma vez na vida outra na morte, mas simplesmente não entendo alguém que sempre se atrasa. Talvez você esteja pensando: "Ele não deve ter filhos". Errado. Tenho duas garotinhas. E se eu disser que vou me encontrar com você às 7h00, então vou me encontrar com você às 7h00. Comece a acordar mais cedo. Saia mais cedo. Ou pare de prometer que vai estar lá às 7h00 quando você sabe muito bem que lhe é impossível estar lá antes das 8h00. Minha nossa! Será que isso é complicado? O que alguém poderia não entender?

Se você for adotar uma idéia deste livro, estou feliz que seja esta. Seja rápido. Faça agora. Chegue na hora. Cumpra suas promessas.

# 25

# A Estratégia do Poder

Que tipo de pensamento equivocado é acreditar que assumir responsabilidade significa assumir a culpa? O que assumir responsabilidade faz é lhe dar poder. Isso maximiza seu poder. Isso cria o poder onde de outra forma você não teria nenhum. Se é seu, você controla. Já quando você faz outra pessoa ser a responsável, você a coloca no comando de sua vida nas áreas em que a responsabilidade é dela.

Considere a seguinte conversa:

> Minha chefe me trata mal.
> *O que você vai fazer?*
> Mas eu não fiz nada de errado. É minha chefe. Ela é cruel e injusta.
> *O que você vai fazer?*
> E isso não é tudo. Meu melhor amigo mentiu para mim.

*Q que você vai fazer?*
Ele realmente me magoou.
*O que você vai fazer?*
Mas espere, ainda tem mais.
*Aposto que sim.*
Estou sendo prejudicado pelas grandes corporações.
*O que você vai fazer?*
O rio da minha cidade é poluído.
*O que você vai fazer?*
Meu namorado me trata como lixo.
*O que você vai fazer?*
Pessoas pobres estão sendo tratadas de maneira injusta pelo sistema.
*O que você vai fazer?*
Eu estava planejando ir ao lago esse final de semana e agora parece que vai chover.
*O que você vai fazer?*
Meu cabelo está caindo.
*O que você vai fazer?*
O meu trabalho é uma droga.
*O que você vai fazer?*
Estou entediado com minha vida horrível.
*O que você vai fazer?*
Você parece um disco quebrado. Nada disso é minha culpa! Eu não deveria ter de fazer nada.
*Você provavelmente não deveria. E isso não tem absolutamente nada a ver com nada. Agora. O que... você... vai... fazer...?*
Eu não vou fazer nada! NÃO É MINHA CULPA!

A Estratégia do Poder 115

*Aqui está o problema com sua estratégia de não fazer nada – não vai funcionar. O que você não entende? Não vai funcionar. Você não vai conseguir o que quer. Não importa que você não deveria ter nada a ver com isso. Não importa que não é sua culpa. Não fazer nada não irá funcionar.*

Então eu acho que apenas vou ter uma vida horrível porque não vou fazer nada.

*A decisão é sua. Você é quem sabe.*

Se sua estratégia é fazer da sua vida uma responsabilidade de outra pessoa, eu o aconselho a mudar de estratégia já. Colocar outras pessoas no comando da sua vida não é exatamente uma estratégia de poder. Ela não funciona. Ponto. É uma estratégia estúpida que dá todo o seu poder para outra pessoa.

Aqui está uma estratégia de poder: é minha vida. Eu fiz isso. Eu tomei as decisões. É minha.

Tive de parar de pensar que o que acontecia na minha vida era responsabilidade ou escolha de outra pessoa. Sempre foi minha escolha. Se você reivindicar a responsabilidade, então você está no controle. Então quem está no controle da sua vida? Você ou outra pessoa? Decida. Se você fez da sua vida o trabalho de outra pessoa, então precisa despedi-la desse cargo e assumir o serviço você mesmo. É o dia da libertação.

# 26

# Sua Próxima Ótima Idéia Está em Todo Lugar

Se você está procurando a próxima grande idéia para seu negócio ou carreira, vá ao shopping center. Ou vá a um edifício de escritórios, um campus de faculdade, uma igreja, um jogo de hóquei, um lava-carros, um museu, uma feira ao ar livre ou qualquer outro lugar. Idéias incríveis podem inspirar você em qualquer lugar. E digo isso de maneira bem literal. Você está rodeado de idéias incríveis, simples e adaptáveis que podem mudar seu negócio ou sua vida. Se você mantiver os olhos e a mente abertos, vai descobrir que praticamente todos os lugares são fábricas de idéias. Sua próxima ótima idéia está em todo lugar.

Por exemplo, aqui está uma nova idéia quente vinda do shopping center. Hoje em dia há uma nova moda dominando o design de lojas, especialmente em shoppings de luxo. O que eu adoro em relação à idéia por trás dessa tendência é que ela vai contra a sabe-

118  Como se destacar em seu ambiente de trabalho

doria convencional do que funciona em vendas no varejo. Eu adoro qualquer idéia que seja contrária ao que todo mundo acha que é a única maneira de se fazer algo. As idéias melhores e mais eficientes são com freqüência contrárias à lógica. A nova idéia quente é que você tira as vitrines da frente da loja e cobre tudo com parede. Isso mesmo. As grandes vitrines que exibem as mercadorias da loja são cobertas com tijolos e você retira tudo da vista dos seus compradores potenciais. Loucura? Talvez não.

O motivo para retirar as mercadorias da vista de seus compradores funcionar para algumas lojas – apesar do fato de parecer completamente ilógico – é que isso cria uma aura de exclusividade. Você não entra na loja a não ser que saiba do que se trata. É legal. Isso cria uma certa mística. Você tem que ser descolado o suficiente para saber o que tem lá ou aventureiro o suficiente para entrar sem saber isso a fim de se qualificar como cliente. Funciona particularmente bem com o mercado de produtos de luxo para adolescentes.

A lição prática para mim, e para meus colegas aparecidos, é que devo considerar o poder da mística em meu negócio. Talvez, em vez de tentar apelar para o maior segmento possível do mercado, devo estreitar meu foco e me posicionar para dominar um nicho bem restrito.

Aparecidos ficam o tempo todo de antena ligada em busca de novas idéias. Eles olham constantemente o que está acontecendo em outros negócios e empreitadas que possa inspirar progresso ou melhoria em sua vida e em seu trabalho. A chave é entender o poder da inovação adaptativa. Grandes idéias raramente surgem do nada, se é que o fazem alguma vez. As melhores idéias em geral vêm de olhar o que funciona em uma arena e então transferir para outra arena completamente diferente.

# Sua Próxima Ótima Idéia Está em Todo Lugar 119

Em outras palavras, a inovação sem dúvida não é algo complicado de se entender. A inovação é uma questão de ver algo que funciona e dizer: "Epa, eu poderia fazer isso". Dããã. É por isso que alguns fabricantes de carros de luxo mandam todo mundo – de designers a consultores de vendas – visitar lojas da Tiffany's, Hotéis Four Season e restaurantes cinco-estrelas. A idéia é ver o que esses sujeitos estão fazendo que nós devíamos estar fazendo. É claro, você tem que ser criativo o suficiente para traduzir uma grande idéia de um atendimento extraordinário num restaurante para um processo de venda na indústria de automóveis, mas é uma habilidade que se desenvolve com a prática.

Como um exercício em termos de inovação adaptativa e de se destacar, eu fiz uma excursão educacional para o shopping local numa manhã. Minha meta era encontrar dez idéias que pudessem ser transferidas para praticamente qualquer negócio. Fui em busca de inspiração – o que é fácil de encontrar se você for um aparecido dedicado e experiente. Eis as idéias que encontrei.

Idéia 1: *Convide para o negócio.*

Idéia 2: *Certifique-se de que o cliente saiba tudo que você tem para oferecer.*

Quando fiz um pedido de *caffè latte* grande sem gordura e um jornal *New York Times*, a funcionária do Starbucks indicou um folhado na vitrine. "Você tem que experimentar isso", ela disse, apontando para um novo folhado. "Por quê?", perguntei. "Porque é fantástico", ela disse. Eu comprei. Era fantástico.

Duas idéias estavam se fazendo notar aos gritos nessa transação e elas eram ambas dolorosamente óbvias e simples. A primeira idéia era convidar para o negócio. Se você simplesmente vir e convidar pessoas para seu negócio, é incrível a freqüência com que elas dirão sim. A maior – e mais óbvia – falha de mui-

120 Como se destacar em seu ambiente de trabalho

tos negócios é que eles simplesmente não convidam gente suficiente para comprarem suas coisas. É estranho, mas é verdade.

A segunda idéia da transação no Starbucks é assegurar-se de que seu cliente, seu chefe ou quem quer que você esteja tentando impressionar conheça toda a variedade do que você tem para oferecer. Se você tem um folhado que é "fantástico", então diga isso, e diga com freqüência. Não guarde segredo.

Idéia 3: *Como você pode acrescentar valor removendo algo?*

Enquanto eu desfrutava meu *latte*, meu folhado fantástico e o *New York Times*, a idéia número 3 me atingiu feito um tapa. Um anúncio do Chase Bank no jornal declarava: "É mais fácil deixar os livros da contabilidade em dia sem os livros". O anúncio era sobre um programa do banco que permite que seu contador tenha acesso aos registros de sua conta. A idéia número 3 é que eu devo pensar em como tornar a vida do meu cliente mais fácil removendo algum fardo ou tarefa. Como eu posso acrescentar valor eliminando algo? O Chase Bank removeu os livros de contabilidade. O refrigerante 7-UP construiu uma marca sendo a anticola. Eles removeram a cor e cafeína. O que você pode tirar?

Idéia 4: *Vá aonde a competição não está.*

Eu saí do Starbucks e comecei a dar umas voltas. No meio do shopping center, parado em frente às portas das lojas Bebe, Sharper Image, Coach, J. Crew e Talbot's Woman, estava um Jaguar X Type 3.0 vermelho vivo. A lição era óbvia. Se o Jaguar estivesse no meio de vinte outros carros de luxo, eu não teria notado. O que funcionava era ele estar fora de lugar. Em vez de encarar de frente seus competidores, busque algum lugar inesperado no qual você vá se destacar.

Idéia 5: *Seja funcional.*

Logo mais à frente, no mesmo piso do shopping onde estava o Jaguar, a mesma concessionária de carros havia colocado um Audi. Desta vez a lição estava no pôster de anúncio do lado do carro. Ele dizia: "Funcional pode ser elegante". Pau! O maior luxo está em algo que funciona. Será que você está tão concentrado em inventar uma porção de enfeites para algo que você oferece a ponto de esquecer o poder de simplesmente oferecer algo que funciona muito bem?

Idéia 6: *Encontre seu nicho.*

Loja Lady Footlocker. É uma loja que se concentra numa linha de produtos restrita a um nicho de mercado em particular. Vender tênis esportivos e roupas para mulheres se exercitarem. Não diga: "Temos sapatos para todo mundo". Diga: "Nós temos o sapato certo para um grupo específico de pessoas". Essas pessoas específicas vão se encaminhar direto até você.

Idéia 7: *Passe um tempo com outros.*

Enquanto passeava no shopping, não pude deixar de perceber todas as pessoas que estavam andando para se exercitar. Há toda uma comunidade de pessoas que vai para os shoppings cedo, na verdade antes de as lojas abrirem, e anda até cansar. É um ótimo lugar para se exercitar e se socializar, e isso me fez me perguntar: "Eu crio uma comunidade em meu negócio?".

A idéia pode ser aplicada a um indivíduo, bem como a uma empresa. Ela se caracteriza pela capacidade de criar conexões entre as pessoas. O shopping faz isso fornecendo um lugar para as pessoas andarem. Você pode tentar fazer isso sendo uma pessoa que organiza eventos sociais, ou sendo o "expert" local em filmes novos que acabaram de ser lançados, ou sendo o que conhece os restaurantes mais legais da cidade. O que faz de você um magneto de pessoas?

## 122 Como se destacar em seu ambiente de trabalho

Uma concessionária em St. Louis se concentra em ser um lugar, não apenas para compra de carros, mas para aulas e eventos especiais. Deseja-se que ela seja vista como um centro de atividades que reúne pessoas da comunidade. Cada vez mais proprietários de negócios entendem o poder de marketing de ser visto como um lugar que liga pessoas, em vez de apenas uma loja ou prédio de escritórios.

Idéia 8: *Hipnotize.*

Quando passei em frente à loja de cosméticos da Aveda, fui atraído pelo cartaz de propaganda que só tinha uma palavra: "Hipnotize". Imediatamente fiquei pensando se não passo tempo demais falando sobre as características do que ofereço, em vez de ir direto para aquilo em que o cliente está interessado – o que isso proporciona para eles. O fato é que a maioria dos clientes não dá a mínima para a forma "como" você faz o que faz, eles só querem saber qual é o resultado.

Quer você esteja oferecendo um serviço ou concorrendo a um emprego, pense em termos de apontar todas as coisas grandiosas e gloriosas que irão acontecer quando as pessoas fizerem negócios com você ou o contratarem. A loja da Aveda não estava anunciando uma lista de ingredientes que eles usam em seus produtos. Eles estavam vendendo o benefício do que acontece quando você usa esses produtos. Eles vão "hipnotizar". E quem não quer fazer isso?

Idéia 9: *Ensine as pessoas a amar você e lhes dê um motivo para fazer isso.*

A loja de utensílios para cozinha Williams Sonoma estava oferecendo aulas sobre como fazer *relish* caseiro para o dia de Ação de Graças. Bem simples. Para vender mais itens de cozinha, ensine as pessoas a cozinhar. Você ensina os clientes a tirar o máximo proveito do que você vende? Quanto mais pessoas

Sua Próxima Ótima Idéia Está em Todo Lugar 123

souberem quão maravilhosos você e seus produtos ou serviços são, mais elas irão querê-los. Minha esposa recentemente comprou uma nova câmera. Pela primeira vez ao usar uma câmera, ela mergulhou na leitura das instruções de como usá-la e tirar o máximo dela. Uma coisa engraçada aconteceu. Quanto mais ela aprendia sobre como usar a câmera, mais ela a adorava. Pela primeira vez, ela estava mesmo entusiasmada com uma câmera.

Eu sei que sou culpado de nem sempre ajudar meus clientes a saberem como conseguir o máximo do que propicio a eles. Não é trabalho deles saber como ou por que me contratar. É meu trabalho me assegurar de que ensinei todas as razões para eles fazerem isso.

Idéia 10: *Dê de graça.*

A loja de produtos de cuidados com a pele Kiehl's desde 1851 dá amostras grátis de quase tudo que vende. Novamente, está no campo do óbvio. Se você tem algo de valor, dê para as pessoas; elas vão adorar e então vão comprar. Isso é exatamente o que Debbie Fields fez quando começou a Mrs. Field's Cookies. Ela assava uma fornada de cookies, levava-os para fora da loja e dava para as pessoas que passavam em frente. O resto é história. O que essa idéia representa para mim é que se eu tenho um talento ou habilidade que acredito ter valor, eu faço uma experiência com as pessoas de graça. Se, de fato, ela tem valor, o mercado irá criar demanda para ela.

Idéia 11: *Menos é mais.*

Quando passei em frente da loja de jóias Tiffany's, percebi que ela parecia ter menos coisas no mostruário do que qualquer loja de jóias no shopping. Algumas vezes, menos realmente é mais. Escolhas demais podem travar pessoas com indecisão. Coisas demais para escolher podem obscurecer. Menos pode revelar.

**124** Como se destacar em seu ambiente de trabalho

Vi pessoas no negócio de discursos profissionais que oferecem dez ou mais tópicos, afirmando ser especialistas, de gerenciamento de tempo e vendas a liderança e formação de equipes. Vi currículos dizerem o mesmo. Se você afirma fazer todas as coisas, a conclusão óbvia a que as pessoas vão chegar é que você provavelmente não é muito bom em nada. Qual é seu ponto forte de verdade? Apresente-se com isso.

Idéia 12: *Seja alguém fácil para se fazer negócios.*

A loja de computadores da Apple dedicava boa parte de suas vitrines para o iPod. Eu não os culpo. O iPod é um dos produtos mais notáveis e de maior venda na história recente. Um dos pontos fortes de produto do iPod é que ele é fácil de usar.

Então o que um iPod fácil de usar tem a ver comigo? Tudo. O que eu tenho que me perguntar é se eu sou ou não alguém "fácil de usar" e com quem é fácil fazer negócios? Sou alguém fácil para negociar, trabalhar ou estar na mesma equipe? Se eu tornar difícil fazer negócios comigo, o mercado irá me substituir por outro num instante. Se sou um funcionário com quem todo mundo tem dificuldades de se relacionar, então eu sabotei minha própria carreira. Há pessoas talentosas demais para alguém agüentar um sujeito desagradável por muito tempo. Eu preciso ser como o iPod. Preciso ser "amigável ao usuário" e alguém fácil com quem fazer negócios.

Meu passeio pelo shopping em busca de dez idéias excedeu a meta. Eu consegui doze, e nem tive que me esforçar. Só notei o que era incrivelmente óbvio. Destacar-se exige a capacidade de ver uma idéia e deixá-la ser o catalisador que o inspira a transferi-la para seu mundo. Torne-se um mestre de inovação adaptativa e você irá melhorar de maneira contínua tudo que você faz e inovar nisso.

# 27

# O que É mais Importante

O que é mais importante para você? O que é mais importante na sua vida? Não há resposta certa ou errada para estas perguntas. Não estou aqui para julgar o que deveria ser importante para você. O que importa é se sua resposta está ou não de acordo com suas ações. Se não, então você vive em conflito. Sem querer dar uma de vidente, me deixe sugerir que se suas ações estão fora de alinhamento com aquilo que você afirma ser importante para você, então você está caminhando para um desastre. Eu falo por experiência. Estive nessa posição. Já fiz isso.

Conheço pessoas na minha linha de trabalho que, quando lhes perguntam sobre qual é a coisa mais importante em suas vidas, respondem com grande sentimento e convicção que a família e os amigos são o que elas mais valorizam. "O que importa são as pessoas, meu amigo. O que importa é o amor", elas dizem. Então correm para o aeroporto para pegar o próximo avião que irá levá-las para longe da família e dos amigos a fim

126 Como se destacar em seu ambiente de trabalho

de que tenham condições de correr atrás do que é realmente importante para elas – ganhar mais dinheiro. O que está errado com esse quadro não é a busca do dinheiro. Se comprar mais coisas é o que o deixa feliz, você é quem sabe. O que está errado com esse quadro é que essas pessoas estão vivendo uma mentira. Se dinheiro é o que o impulsiona, então diga isso – coloque seus valores em alinhamento com suas ações e elimine a batalha interna que está trabalhando contra você e provavelmente estressando-o. A tendência é que você vá ganhar ainda mais dinheiro e não ter que lidar com o conflito incômodo entre o que você diz e o que faz.

Alguns irão ler isso e expressar uma defesa apaixonada nos termos de "Não é o dinheiro! Eu só busco o dinheiro para a segurança e o bem-estar da minha família! Sua acusação me ofende, senhor!". É, tudo bem. Se você tem de trabalhar em dois empregos para ganhar o suficiente para sustentar sua família, então não é de você que estou falando. Isso se chama fazer a coisa certa. Estou falando daqueles que têm mais dinheiro do que precisam, mas não conseguem largar o vício. Estou falando do que pode acontecer com a falta de clareza e alinhamento entre as ações e os valores declarados.

Parece-me que um argumento interessante para essa discussão é que aqueles que vivem em harmonia com seus valores alcançam, de verdade, um grau maior de sucesso a longo prazo. Acredito que, se você esquecer o dinheiro, irá provavelmente ganhar mais dinheiro. Faça a coisa certa e as janelas da prosperidade irão se abrir e derramar riquezas inimagináveis durante toda sua vida. Isso não é fantasia. É como as coisas acontecem.

Tenho um amigo que recentemente se aposentou como CEO de uma companhia muito bem-sucedida. Ele era um dínamo durante a carreira. Alcançou um sucesso financeiro incrível e se

O que É mais Importante 127

aposentou como um líder respeitado e amado com um legado de realizações notáveis nos negócios. Ao longo de toda a vida e carreira, nunca teve dúvida do que vinha primeiro para si mesmo. No topo da lista situavam-se sua família e sua fé, e isso não estava em discussão. Ele faltaria numa reunião da empresa para estar com a filha no aniversário dela. Rejeitaria um contrato lucrativo porque algo nele não se encaixava com seu senso de valores. Ele encontrava sua maior alegria não na arte de negociar, mas em estar com a família e os amigos.

Ele vivia segundo a filosofia: "Faça a coisa certa e o dinheiro irá cuidar dele próprio". Ele agora está aposentado e financeiramente seguro. Poderia viver em qualquer lugar do mundo. Poderia passar o resto da vida em cruzeiros de luxo e *resorts* de férias. Mas você o encontra lendo para crianças num centro familiar localizado num conjunto habitacional da área pobre do centro da cidade, realizando eventos de arrecadação de fundos para apoiar o trabalho desse centro, trabalhando em sua igreja ou de alguma forma ajudando o mundo a se tornar um lugar melhor.

Acredito de coração e mente que o que fez desse sujeito um sucesso tão impressionante é que a fundação que ele tinha era sólida feito uma rocha. Possuía uma bússola que sempre apontava para o norte. Como sabia o que era importante para ele durante toda sua carreira, ele conseguiu construir algo de valor para si mesmo e para outros. Pelo caminho, houve sem dúvida alguns que o viram como não tendo "o que era preciso" para subir com sucesso a hierarquia corporativa. Ele não tinha um instinto assassino. O que ele tinha, e que no final das contas o colocou no ponto máximo da hierarquia, era integridade e clareza quanto a seus valores.

Atente para as empresas com longos registros históricos de estabilidade e sucesso. Você irá descobrir que praticamente todas elas têm um senso muito forte de valores e cultura. Conse-

128 Como se destacar em seu ambiente de trabalho

guem tomar decisões e agir de maneira mais eficiente que seus concorrentes porque sabem quem são. O sucesso flui direto da cultura.

A maioria das empresas fala muito e faz pouco quando se trata de sua cultura. Elas têm uma declaração de missão, uma declaração de visão e uma declaração de valores – todas as quais são tema de grande atenção na reunião anual da empresa. Então essas várias declarações são colocadas no fundo da gaveta de alguém para dormirem tranqüilas até a reunião do próximo ano.

Não é fácil para um negócio ou indivíduo formular uma declaração verdadeira do que é importante, muito menos viver de acordo com ela. Você tem que abandonar o privilégio de ser preguiçoso. É preciso tempo e energia para trabalhar desenvolvendo um conjunto de valores claro e forte e vivendo segundo eles. É necessário abrir o espaço para esses valores se consolidarem. Mas a recompensa é considerável.

Certas empresas e indivíduos têm uma predisposição para um alto desempenho. Está no seu DNA. Está no ar que elas respiram. Essas empresas e pessoas são aquelas que desenvolvem sua cultura todos os dias. Não é um empreendimento de meio período. É uma parte significativa do que fazem o dia todo. Quem elas são é tão importante quanto o que elas fazem. Qualquer uma de suas ações é guiada por esse senso elevado de cultura, valores e identidade. Não se trata de ter uma declaração de missão "agradável". Tem a ver com o que conduz suas estratégias e execução.

É importante injetar emoção em sua missão. O reverendo Martin Luther King Jr. não disse: "Eu tenho um plano estratégico". Não se engane, o reverendo King quase com certeza tinha um plano estratégico. Mas aquilo pelo que ele é lembrado, e que fez com que ele e, ao final, milhões de pessoas defendessem a causa dos direitos civis, foram as palavras: "Eu tenho um sonho".

## O que É mais Importante 129

Nos negócios, nós com freqüência cometemos o erro fundamental de pensar que, para uma idéia ser profissional, ela tem de ser isenta de emoção. Nada pode estar mais longe da verdade. Uma idéia só é realmente profissional se ela funciona, e o que funciona é estabelecer conexões com emoção. Conecte-se ao coração e a mente irá atrás. Quer seja sua declaração de missão pessoal ou a de seu negócio, não a dilua numa grande bolha vazia e sem graça de jargões corporativos sem significado. Diga algo que mostre um pouco de ousadia. Diga algo que faça você ficar de pé mais ereto e respirar fundo de orgulho. Diga algo que lhe dê calafrios.

Empresas que se guiam diariamente por seus valores não são diferentes de pessoas que começam todos os dias com uma prece, meditação ou afirmações. Se você está fundamentado no que é importante, então pode agir com decisão. Conforme desafios e oportunidades inesperadas surgem, você age baseado na força segura de saber o que é importante.

Se ainda não criou sua declaração de missão pessoal, comece agora. É a base para uma vida bem-sucedida. Tenha clareza sobre o que é mais importante. Lembre-se de que, se você tem sentimentos fortes em relação ao que faz, deve usar uma linguagem forte. Diga algo com substância.

Nós estamos numa missão de Deus.

— The Blues Brothers

**GRÁFICA PAYM**
Tel. (011) 4392-3344
paym@terra.com.br